三訂版

貸倒損失・債権譲渡の税務処理早わかり

中村 慈美 著

一般財団法人 大蔵財務協会

は じ め に

　企業が信用を基礎として経済活動を行う以上、貸倒れが避けがたいものであることから、企業会計においても、金銭債権について取立不能のおそれがある場合には取立不能見込額を貸倒引当金として計上する慣行が確立しているところです。しかし、法人税法においては、中小企業、協同組合等、銀行等及びリース債権等を有する一定の法人以外の法人については、貸倒引当金繰入額の損金算入（間接無税償却）が認められておらず、また、貸倒引当金繰入額の損金算入が認められている企業にあっても、法人税や消費税の負担を考えると、貸倒引当金の計上よりは貸倒損失等の計上の可否が重要になってくるものと考えます。加えて、アフターコロナで予想される事態への対応手法の一環としても重要なものと考えます。

　そこで本書では、貸倒損失及び債権譲渡の法人税法上の取扱いについて、その要点を示すとともに、参考となる判決、裁決、各種資料を示すことで、これら制度をより一層、効果的に利用できるよう解説しています。

　今回、この三訂版を執筆するに当たり、日々の実務で生じた事例や判決、裁決等の内容を検証して、本書に取り込むことにしました。

　令和5年9月

中村慈美税理士事務所

税理士　中　村　慈　美

II 債権譲渡等の税務上の取扱いについて

Ⅰ 貸倒損失の税務上の取扱いについて

1 概　　要

　法人の有する金銭債権が回収できないこととなった場合、すなわち金銭債権が貸倒れになった場合の損失の額は、各事業年度の所得の金額の計算上、損金の額に算入すべき「損失の額」に含まれることになります（法法22③三）。

　しかしながら、金銭債権等が貸倒れになったかどうかの判定は、優れて事実認定に負うところが大きく、その判断には難しい面があることから、従来から法人税基本通達9-6-1、9-6-2、9-6-3において、おおむね次のとおりの貸倒れの判定に関する一般的な基準が定められています。

① 　会社更生法の更生計画認可の決定等又は関係者の協議決定により、法人の有する金銭債権の全部又は一部について切捨て又は放棄をした場合には、その切捨て又は放棄をした金額は、損金の額に算入されます（法基通9-6-1）。

② 　金銭債権が法律的には消滅していないが、その債務者の資産状況、支払能力等からみて、その全額が回収できないことが明らかな場合に、法人がこれを貸倒損失として損金経理したときは、これが認められます（法基通9-6-2）。

③ 　売掛債権について一定の事実が発生し、法人がその売掛債権の額か

ら備忘価額を控除した残額を貸倒損失として損金経理したときは、これが認められます（法基通9−6−3）。

　なお、所得の存在及びその金額について、通常、課税当局が立証責任を負うことから、貸倒損失についてもその存在の有無が争われる場合には同様に、課税庁側においてその不存在を立証すべき責任があることになりますが、貸倒損失の性格上、納税者において貸倒れの事実等について立証が求められており、その立証を行わない場合には、貸倒損失処理が否定されることになるとされています（下記「6　貸倒損失処理に関する立証責任」参照）。

2　法人税基本通達9-6-1（金銭債権の全部又は一部の切捨てをした場合の貸倒れ（法律上の貸倒れ））について

法人税基本通達

9-6-1　法人の有する金銭債権について次に掲げる事実が発生した場合には、その金銭債権の額のうち次に掲げる金額は、その事実の発生した日の属する事業年度において貸倒れとして損金の額に算入する。

(1)　更生計画認可の決定又は再生計画認可の決定があった場合において、これらの決定により切り捨てられることとなった部分の金額

(2)　特別清算に係る協定の認可の決定があった場合において、この決定により切り捨てられることとなった部分の金額

(3)　法令の規定による整理手続によらない関係者の協議決定で次に掲げるものにより切り捨てられることとなった部分の金額

　イ　債権者集会の協議決定で合理的な基準により債務者の負債整理を定めているもの

　ロ　行政機関又は金融機関その他の第三者のあっせんによる当事者間の協議により締結された契約でその内容がイに準ずるもの

(4)　債務者の債務超過の状態が相当期間継続し、その金銭債権の弁済を受けることができないと認められる場合において、その債務者に対し書面により明らかにされた債務免除額

1 貸倒損失の計上時期

　法人税基本通達 9 - 6 - 1 (1)(2)では、法的手続の認可の決定の時が貸倒損失の計上時期と定めています。

　民事再生法の再生計画認可の決定に対しては、即時抗告をすることができ、即時抗告期間（裁判の公告が効力を生じた日から起算して2週間）の終了と共に再生計画認可の決定が確定し、効力を生ずることとなります（民事再生法9、175①、176、178①）。

　そうすると、民事再生法の再生計画認可の決定による貸倒損失の計上時期は、再生計画認可の決定の確定の時ではないかとする考え方もあり得ます。

　しかし、民事再生法の施行に伴い廃止された和議法においては、和議の認可の決定の確定により効力を生ずることとされていましたが、和議の認可の決定の時をもって貸倒損失の計上時期とすることが認められていました（国税庁法人税課長監修「不良債権の税務」55頁（大蔵財務協会　平成6年））。したがって、民事再生法の場合においても再生計画認可の決定の時が貸倒損失の計上時期と考えられます。

　また、会社法の特別清算においても、協定の認可の決定の確定により効力を生ずることとされています（会社法569①、570、901③④）が、民事再生法の場合と同様に協定の認可の決定の時が貸倒損失の計上時期と考えられます。

　なお、会社更生法の場合には、更生計画認可の決定の時から効力を生

ずることとされています（会社更生法201、204①）ので、法人税基本通達９－６－１⑴の定めのとおり、更生計画認可の決定の時が貸倒損失の計上時期となります。

〈参考法令〉

民事再生法

第９条　再生手続に関する裁判につき利害関係を有する者は、この法律に特別の定めがある場合に限り、当該裁判に対し即時抗告をすることができる。その期間は、裁判の公告があった場合には、その公告が効力を生じた日から起算して２週間とする。

第175条①　再生計画の認可又は不認可の決定に対しては、即時抗告をすることができる。

第176条　再生計画は、認可の決定の確定により、効力を生ずる。

第178条①　再生計画認可の決定が確定したときは、再生計画の定め又はこの法律の規定によって認められた権利を除き、再生債務者は、すべての再生債権について、その責任を免れる。ただし、再生手続開始前の罰金等については、この限りでない。

会社法

第569条①　前条の申立てがあった場合には、裁判所は、次項の場合を除き、協定の認可の決定をする。

第570条　協定は、認可の決定の確定により、その効力を生ずる。

第901条③　第569条第１項の協定の認可の決定をしたときは、裁判所は、直ちに、その旨を公告しなければならない。

　④　第568条の申立てについての裁判に対しては、即時抗告をす

ることができる。この場合において、前項の協定の認可の決定に対する即時抗告の期間は、同項の規定による公告が効力を生じた日から起算して2週間とする。

会社更生法

第201条　更生計画は、認可の決定の時から、効力を生ずる。

第204条①　更生計画認可の決定があったときは、次に掲げる権利を除き、更生会社は、すべての更生債権等につきその責任を免れ、株主の権利及び更生会社の財産を目的とする担保権はすべて消滅する。

②　申告調整による損金算入

　貸倒損失が損金の額に算入されるのは、その貸倒れにより金銭債権の資産価値が消滅するからであり、貸倒れになったかどうかは、その金銭債権が消滅したかどうかにより判定されます。このため、金銭債権が法律的に消滅している場合には、法人がこれを貸倒れとして損金経理（法人がその確定した決算において費用又は損失として経理することをいいます（法法2二十五）。）しているか否かにかかわらず、その消滅した時点において損金の額に算入することになります。

　法人税基本通達9－6－1の本文も「……貸倒れとして損金の額に算入する。」とし、同通達9－6－3のように「……貸倒れとして損金経理をしたときは、これを認める。」というような損金経理を要件としていないことからも明らかです。

　したがって、損金経理をしていない場合には、申告調整により損金の額に算入することが認められることになります。

〈参考裁決〉

> **平成20年6月26日裁決（裁決事例集№.75）**
>
> (2)　貸倒損失が発生した日
>
> イ　……（省略）……
>
> 　また、法人の有する金銭債権について貸倒れが発生した場合には、その貸倒れによる損失はその法人の損金の額に算入されることとなるが、これは、その貸倒れによって金銭債権の資産価額が消滅すること、つまり、貸倒れによる金銭債権全体の滅失損を意味する。
>
> 　したがって、法人が所有する金銭債権が貸倒れとなったか否かは、第一次的には、その金銭債権全体が滅失したか否かによって判定され、その債権が滅失している場合には、法人がこれを貸倒れとして損金経理しているか否かにかかわらず、税務上はその債権が滅失した時点において損金の額に算入することとなる。

③　自己否認した貸倒損失に係る更正の請求の可否

　納税者が貸倒損失処理を自己否認（申告調整での加算）したものであっても、債権の放棄その他により債権が消滅したと認められるときは、更正の請求の対象となる「当該申告書に課税標準若しくは税額計算が国税に関する法律の規定に従っていなかったこと」に該当する（国税通則

法23①一）ものとして、更正の請求の期間内である限りその対象となり得ると考えられます。

〈参考裁決〉

昭和63年9月21日裁決（非公開：TAINS　F0-2-781）

ハ　そこで、いったん確定した決算において損金経理をした償却貸金を、請求人が別表四に自己加算したことをもって貸倒れの事実のない償却貸金と認定することの可否について以下検討する。

(イ)　「確定した決算」とは、商法に定める手続に従った適式な株主総会を経た決算を意味し、納税義務者である法人は、その確定した決算上の経理以外の経理を課税所得の計算において主張し得ないものであり、確定した決算上なした経理が、法令上定められている範囲内であれば、請求人及び原処分庁のいずれの者もそれを否認することはできないと解される。

(ロ)　ところで、請求人は通常、貸倒金の処理に当たっては、部内の貸倒処理基準により貸倒処理を行い、その後回収された金額は営業外収益として償却債権取立益に計上する経理処理基準によっているところ、当期の申告においては、…償却貸金の一部について、貸倒処理の判断を決算期末ではなく申告期末である2月末に行ったり、何の根拠もないのに回収見込みがあるなどとして抽出した償却貸金…を自己加算していることが認められる。このことは、請求人が、確定決算で損金経理した償却貸金を、申告に際して当期の法人税確定申告を欠損申告としないため自己加算したものと推認できるところであり、請求人が償却貸金の一部を別表四に自己加算したことをもって、請求人自ら

が当該償却貸金について貸倒れの事実がないことを意思表示したとみるべきであるとする原処分庁の主張は、当を得ているとは言えず、当該償却貸金の貸倒損失の可否の判断は、その内容がどのようなものであるか、その事実を確認することが重要な要素である。

(ハ)　そこで、償却貸金が請求人の決算期末日現在どのような事情の下にあったのかを、当審判所において、請求人主張に係る償却貸金…について個別に調査・審理したところ、前記ロの①の法的手続等による切り捨ての場合の貸倒基準に該当するような事実は認められなかったが、前記(2)のホの(イ)のとおり損金報告書による貸倒処理は、(2)のロの(ロ)の部内の貸倒処理基準に基づいて継続性をもって、かつ、適切に行われており、部内の貸倒処理基準も前記ロの貸倒れについての認定要件を満たしていることが認められるので当該償却貸金…は、当期において損金の額に算入すべき貸倒損失であると認めざるを得ず、当期の確定申告書は誤った計算に基づくもので、確定した決算から適法な計算により導き出された適正な申告とは言い難い。

ニ　以上のとおり、本件更正の請求については理由があり、更正すべき理由がないとした原処分は不相当であるから、その全部の取消しを免れない。

〈参考通達〉

旧法人税基本通達（昭和34年8月24日付直法1-150「改正法人税法（昭和34年3月改正）等の施行に伴う法人税の取扱について」）

> **189　貸倒損を決算において計上しなかったことと更正の請求**
>
> 　　法人がその有する貸金等について貸倒損を計上しないで決算を
> 行い、その決算に基いて法第18条又は第21条の規定による申告書
> を提出した場合において、その貸金を貸倒れとしなかったことは、
> <u>債権の放棄その他により債権が消滅したと認められるときを除き</u>、
> 所得金額等の計算が法令の規定に従っていなかったこと又は当該
> 計算に誤があったことに該当しないものとする。

4　更生計画認可の決定前の債権放棄

　更生手続等においては、裁判所の許可を受けた更生手続の一環として、
更生計画認可の決定前に一定額の弁済を条件に債権放棄が行われること
があります。

　法人税基本通達9-6-1⑴は、「更生計画認可の決定があった場合に
おいて、切り捨てられることとなった部分の金額」を損金の額に算入す
る旨を定めており、これに直接には当てはまりませんが、裁判所の許可
を受けた更生手続の一環として、一定額の弁済を条件に債権放棄が行わ
れるものである場合には、実質的には更生計画認可の決定による切捨て
と変わるところがないといえることから、その放棄した債権相当額は、
貸倒損失として損金の額に算入されます。

　この点について、国税庁ではホームページにおいて次のような質疑応
答事例による解説を行っています。

（貸倒損失）

5　更生手続中における貸倒損失

【照会要旨】

　会社更生法の規定による更生手続が進行中であるＡ㈱は、同法第47条第5項《更生債権等の弁済の禁止》の規定により、更生計画認可前に、裁判所の許可を受けて、次により250万円以下の少額債権の弁済をすることとしました。

①　総額が50万円以下の債権は全額を弁済する。

②　総額が50万円を超え250万円以下の債権については、50万円を超える部分の金額に相当する債権を放棄することを条件として、50万円を支払う。これによる弁済を受けない場合は、その金額を更生債権として更生計画に組み入れることとし、債権者はあらかじめ定められた日までにそのいずれによるかの意思表示をする。

　この場合、②により50万円の弁済を受けることを選択した債権者が放棄することとなるその50万円を超える部分の金額に相当する債権については、貸倒れとして損金の額に算入することができますか。それともＡ㈱に対する寄附金となるのでしょうか。

【回答要旨】

　貸倒れとして損金の額に算入されます。

（理由）

　本件では、裁判所の許可を受けた更生手続の一環として50万円を超える部分の金額に相当する債権の放棄が行われるものですから、たとえ債権者が債権の一部を放棄することを選択したとしても、それは経済的な価値判断に基づくものであり、放棄された部分の債権相当額を債務者に対する寄附金とすることは相当でないと考えられ

ます。

⑤ 特別清算（個別和解）による債権放棄

　従前の実務においては、個別和解による場合（和解型）も裁判所の許可を得て行われることから、否認される可能性は低いものと考えられていました。しかし、債権放棄が特別清算手続の中で行われたものであっても、個別和解による場合（和解型）には、協定の認可決定による場合（協定型）とは異なり法令の規制や裁判所の審査と決定を欠くことから、法人税基本通達9-6-1(2)をそのまま適用することはできないと判断されています（平成29年1月19日東京地裁）。

　なお、個別和解による債権放棄の場合でも法人税基本通達9-6-1(4)に該当する場合には、貸倒損失が認められるものと考えます。

〈参考判決〉

平成29年1月19日東京地裁（同29年7月26日東京高裁）
1　争点(1)（本件債権放棄額が貸倒損失の額に該当するか否か）について
　(1)　基本通達9-6-1(2)（特別清算協定認可の決定に係る貸倒損失）について
　ア　……（省略）……
　　　そして、基本通達9-6-1(2)が、特別清算の手続における金銭債権の消滅事由について、「特別清算に係る協定の認可の決定があった場合」に限定して、当該決定により切り捨てられることと

なった部分の金額につき、貸倒れとして損金の額に算入するものと定めており（このことは、同通達が「等」といった文言を用いていないことからも明らかである。）、特別清算協定認可の決定によらずに当事者間の合意で切り捨てられた部分の金額については損金算入を認める旨の文言が見当たらないことからすれば、特別清算手続において、裁判所の上記認可の決定によらずに個別和解等により切り捨てられることとなった部分の金額については、上記の場合に該当しないものとして、基本通達9－6－1(2)の適用を受けないものと解するのが相当である。そして、基本通達9－6－1(1)及び(2)において、法令の規制（会社更生法167条、168条、170条等、民事再生法154条ないし157条等、会社法564条、565条等）及びこれに係る裁判所の審査と決定により認可の対象とされる更生計画等及び特別清算協定の内容の合理性が客観的に担保されるのと同様に、基本通達9－6－1(3)及び(4)が、当事者間の合意に基づく金銭債権の消滅による貸倒損失の損金算入を、合意内容の合理性が客観的に担保される状況の下での合意による場合に限定している趣旨に照らすと、特別清算手続において、裁判所の特別清算協定認可の決定によらずに、当事者間の個別和解に基づいて法人の金銭債権が消滅した場合については、合意内容の合理性が客観的に担保される状況の下での合意がされたとはいえないから、裁判所の上記認可の決定による場合に準じて貸倒損失の損金算入を認めることはできないというべきである。

……（省略）……

ｲ　これに対し、原告は、税金対策で特別清算手続を利用する場合には個別和解によることが多く、この場合でも特別清算協定認可

の場合と同様に裁判所の監督の下にある以上、基本通達9−6−1
⑵が適用されるべきである旨主張する。

　しかしながら、基本通達9−6−1⑵は、会社更生法又は民事再
生法に基づく更生計画認可等の決定があった場合に関する同⑴と
同様に、会社法に基づく特別清算協定認可の決定があった場合に
当該決定により切り捨てられることになった部分の金額につき貸
倒損失としての損金算入を認めているところ、これらの法的整理
の手続において裁判所の決定に基づき法人の有する金銭債権が消
滅する場合には、当該債権の消滅に係る協定及び計画の内容の合
理性が法令の規制（特別清算協定につき、協定条項における権利
変更の一般的基準や協定内容の平等及び衡平等に関する会社法
564条、565条等、更生計画認可等につき、同旨の規律に関する会
社更生法167条、168条、170条等、民事再生法154条ないし157条
等）及びこれに係る裁判所の審査と決定によって客観的に担保さ
れているのに対し、特別清算手続における個別和解については、
このような法令の規制及びこれに係る裁判所の審査と決定を欠い
ており、和解の合意内容は当事者間の自由な意思の合致に委ねら
れるため、基本通達9−6−1⑵所定の特別清算協定認可の決定の
場合と同視することはできないから、基本通達9−6−1⑵の適用
の前提を欠いており、これに準じて貸倒損失の損金算入を認める
こともできないというべきであり、原告の上記主張は採用するこ
とができない〔なお、原告は、特別清算手続に関する論文等の見
解（……（省略）……）を根拠として、特別清算手続における個
別和解により消滅した債権額については貸倒損失として損金算入
を認める旨の運用が実務上定着しているなどと主張するが、上記

の論文等の見解はいずれも特別清算手続における個別和解により消滅した債権額につき基本通達9－6－1⑵の適用の有無やその適用の具体的な根拠について何ら言及しておらず、他方で、上記の個別和解により消滅した債権額については基本通達9－6－1⑷の要件該当性の有無によって損金算入の可否が検討されるべきである旨を明記している文献（…（省略）…）もあることに照らせば、原告の主張するような運用が実務上定着しているとは認められないというべきである。］。

　この点につき、原告は、個別和解も、裁判所の許可を受けた特別清算手続の一環として裁判所の監督の下に行われるものであり、本件債権放棄当時の本件子会社2社の債権者は原告及びその子会社（E）のみであったから、本件債権放棄に係る個別和解は、一定割合以上の債権者の同意を要件とする特別清算協定認可と同視し得る旨主張するが、特別清算手続において、特別清算協定によらない一部の債務に係る個別和解の合意の形成を裁判所の監督によって制限することは予定されておらず、単に当該個別和解に同意した債権者の全債権者中の割合のみをもってこれを特別清算協定認可と同視することはできないから、原告の上記主張も採用することができない。

6　合理的な基準

　法人税基本通達9－6－1⑶イの場合には、その協議決定が「合理的な基準により債務者の負債整理を定めているもの」でなければならず、例

えば、全ての債権者についておおむね同一の条件でその切捨額が定められるようなことをいい、特殊な関係者だけが切り捨てるというような場合には、一般的には合理的な基準に該当しないことになります。

　しかし、利害関係が対立する第三者間において、その債権の発生原因、債権額の多寡、債権者と債務者との関係あるいは債権の発生時期などについて総合的に協議され、その協議によって切捨額が決定されている場合には、それによる切捨額は、恣意的なものではなく、合理的な基準によるものであるとされます（法基通9-4-2(注)参照）。

　例えば、下請業者その他の少額債権者に対しては優先的に弁済し、高額債権者がある程度不利な条件を受け入れるようなことも、状況次第によっては「合理的な基準」に該当することになります。

　なお、金融機関・弁護士等のあっ旋があっても、その内容が合理的な基準によっていないときは、たとえ当事者間で一部切捨てをしたとしても貸倒れとは認められないことになります。

〈参考通達〉

法人税基本通達
（子会社等を再建する場合の無利息貸付け等）
9-4-2(注)　合理的な再建計画かどうかについては、支援額の合理性、支援者による再建管理の有無、支援者の範囲の相当性及び支援割合の合理性等について、個々の事例に応じ、総合的に判断するのであるが、例えば、利害の対立する複数の支援者の合意により策定されたものと認められる再建計画は、原則として、合理的なものと取り扱う。

〈参考裁決〉

平成3年7月18日裁決（裁決事例集№42）

(1)　本件更正について

　ロ　所得金額

　　　請求人は、本件負担額については、諸般の事情を考慮して決定したものであつて、請求人の福利厚生費としては妥当な金額であるから、その全額を所得金額の計算上損金の額に算入すべきである旨主張するので、以下審理する。

　(ハ)　ところで、企業グループに属する関係会社が共同して行事を行う場合、その共同行為により生じた経費は、合理的な基準により関係会社に配分されることを要するが、その配分比率は、必ずしも算術的に平等である必要性はなく、合理的な理由がある限り傾斜配分することも認められるものと解される。

〈参考裁決〉

平成30年6月22日裁決（非公開：TAINS　F0-2-829）

　　請求人は、本件元理事企業らによる各債権放棄については、債権者集会の形式ではなかったものの、理事会で継続協議の上行われたものであること、当該各債権放棄の額は各貸付金の残高を基準にしたプロラタ方式で算定されているため、合理的な基準によって負債整理が行われたものであること、及び、本件元理事企業らのほかに主要な債権者も存在しないため、特に債権者集会が持たれずとも客観性も十分担保されていることからすれば、法人税基本通達9-6-

---

1(3)イにかなっており、本件債権放棄の額は貸倒損失として本件事業年度の損金の額に算入できる旨主張する。

しかしながら、上記…のとおり、…は、本件債権放棄を受けるに当たり、再建計画の作成等を行っておらず、また、本件元理事企業らからの借入金につき、債権放棄を受けるべき金額がいくらであるかの具体的な検討を行っていないことからすると、本件元理事企業らは、債権放棄の額の多寡について具体的に検討することなく各人の各貸付金の全額の放棄を決定したと認めるのが相当である。そして、上記…のとおり、本件債権放棄の時点において、…は、資金繰りがひっ迫し直ちに経営危機に陥るような状況にはなく、また、本件残債権の全額が回収不能であることが客観的に明らかであったとは認められないことも併せ考慮すると、本件債権放棄の額が、法人税基本通達9－6－1(3)イに定める「合理的な基準により債務者の負債整理を定めているもの」により切り捨てられることになった部分の金額に該当するとはいえないから、請求人の主張には理由がない。

⑦　債務超過状態の相当期間

法人税基本通達9－6－1(4)の「債務超過の状態の相当期間」は、その債務者に対する金銭債権が回収不能かどうかを判断するために必要な期間ということであって、一律に何年間という期間を想定してその期間を超えれば認められる、超えなければ認められないというような形式的判断をすることは適当ではないと考えます（山本守之氏、成松洋一氏及び小職の鼎談記事（税務経理協会「税経通信」2009年8月号80頁）参照）。

　ところで、この「債務超過の状態が相当期間」について個別評価金銭債権についての法人税基本通達11－2－6との整合性から概ね「1年以上」とする意見もあるようですが、洗い替えを前提とする貸倒引当金と最終処理の貸倒損失では損金算入する状況や場面も異なることから、「債務超過の状態が相当期間」という同じ用語が用いられているということを理由に両者を同様に考えることには問題があると考えます。

　なお、ゴルフ場を営む債務者の債務超過状態の判断期間を3年ないし5年とした裁判例があります（平成5年4月28日横浜地裁）。

〈参考判決〉

平成5年4月28日横浜地裁
　ゴルフ場開場後も当分の間は債務超過の状態が継続するのが通常であるといえ、本格的に収益の計上を開始する3年ないし5年後の状況を見なければ、債務超過の状況が相当期間継続し、当該債務の弁済が不可能であるか否か（法人税基本通達9－6－1）及び債務者の資産状況、支払能力等からみて、債権の全額が回収できないものか否か（同通達9－6－2）は明らかにならないというべきである。

⑧　債務超過状態の相当期間（当局の見解）

　法人税基本通達9－6－1⑷の「債務超過の状態の相当期間」について、国税庁ではホームページにおいて次のような質疑応答事例による解説を行っています。

（貸倒損失）

1　第三者に対して債務免除を行った場合の貸倒れ

【照会要旨】

　A社は、得意先であるB社に対して5千万円の貸付金を有していますが、B社は3年ほど前から債務超過の状態となり、その業績及び資産状況等からみても、今後その貸付金の回収が見込まれない状況にあります。

　そこで、A社はB社に対して有する貸付金5千万円について書面により債務免除を行うことを予定していますが、これを行った場合、A社のB社に対する貸付金5千万円を貸倒れとして損金算入することは認められますか。

　なお、A社とB社との間には資本関係や同族関係などの特別な関係はなく、A社とB社との取引はいわば第三者間取引といえるものです。

【回答要旨】

　当該貸付金については、貸倒れとして損金の額に算入されます。

（理由）

1　御照会の趣旨は、第三者に対して債務免除を行った場合に、その債務免除額は損金の額に算入できるかということかと思われます。この点、法人の有する金銭債権について、債務者の債務超過の状態が相当期間継続し、その金銭債権の弁済を受けることができないと認められる場合において、その債務者に対し書面により明らかにされた債務免除額は、その明らかにされた日の属する事業年度において貸倒れとして損金の額に算入することとされています（法人税基本通達9−6−1(4)）。

　　この場合の貸倒損失の計上は、金銭債権の弁済を受けることが
できないと認められる場合の債務免除の取扱いですので、その債
務者が第三者であることをもって無条件に貸倒損失の計上ができ
るというものではありませんが、第三者に対して債務免除を行う
場合には、金銭債権の回収可能性を充分に検討した上で、やむな
く債務免除を行うというのが一般的かと思われますので、一般に
は同通達の取扱いにより貸倒れとして損金の額に算入されます。

　㊟　第三者に対して債務免除を行う場合であっても、同通達に掲げる
　　　場合と異なり、金銭債権の弁済を受けることができるにもかかわら
　　　ず、債務免除を行い、債務者に対して実質的な利益供与を図ったと
　　　認められるような場合には、その免除額は税務上貸倒損失には当た
　　　らないことになります。

2　A社の場合、第三者であるB社は債務超過の状態にあり、B
社に対する貸付金の免除は、今後の回収が見込まれないために行
うとのことですから、当該貸付金については上記1の取扱いによ
り貸倒れとして損金算入されます。

3　なお、上記1の取扱いの適用に当たっては、次の点に留意する
必要があります。

⑴　「債務者の債務超過の状態が相当期間継続」しているという
　　場合における「相当期間」とは、債権者が債務者の経営状態を
　　みて回収不能かどうかを判断するために必要な合理的な期間を
　　いいますから、形式的に何年ということではなく、個別の事情
　　に応じその期間は異なることになります。

⑵　債務者に対する債務免除の事実は書面により明らかにされて
　　いれば足ります。この場合、必ずしも公正証書等の公証力のあ

る書面によることを要しませんが、書面の交付の事実を明らか
にするためには、債務者から受領書を受け取るか、内容証明郵
便等により交付することが望ましいと考えられます。

法人税基本通達9-6-1⑷の「債務超過の状態の相当期間」について
は、当局はその運用において通常3年ないし5年と考えているようです
(東京国税局法人税課長編「回答事例による法人税質疑応答集」627頁
(大蔵財務協会　平成16年))。

平成5年4月28日横浜地裁における被告税務署長の主張
　原告に対する債務を全く弁済できないものと断定するには未だ時
期尚早というべきであり、本格的に収益の計上を開始する<u>3年ない
し5年後の収益状況を見なければ、その債務の弁済が不可能である
か否かは明らかにはならない</u>。かくして本件債権放棄の時点で、緑
建が債務超過の状態にあつたと断定できないのみならず、その状態
が相当期間継続していたということもできない。

平成15年10月15日大阪地裁における被告税務署長の主張
ア　金銭債権を放棄したことにより損金の額に算入することができ
　るのは、①債務者の債務超過状態が相当期間継続し(以下「債務
　超過状態継続の要件」という。)、②その金銭債権の弁済を受ける
　ことができない(回収不能)と認められる場合(以下「回収不能
　の要件」という。)に限られるものと解すべきである。基本通達
　9-6-1⑷もこのことを明らかにしている。

イ　債務超過状態継続の要件の欠如

　(ア)　……（省略）……

　(イ)　Bは、貸借対照表上は、平成3年3月期から本件債権放棄が
　　　される直前の平成8年3月期まで継続して、債務超過の申告が
　　　されている。

　　しかしながら、Bが所有していた松阪の土地建物を時価により評
価すると、以下記載のとおり、Bは平成7年3月期、平成8年3月
期のいずれも債務超過状態にはなかったものであるところ、<u>債務超
過状態継続の要件にいう相当期間とは通常3年ないし5年と解され
る</u>ことからすれば、Bの債務超過状態が相当期間継続していたとは
いえないことは明らかである。

⑨　債務超過状態の相当期間（他の制度の相当期間）

　個別評価金銭債権に係る貸倒引当金に関して、法人税法施行令第96条
第1項第2号に規定する「債務者につき、債務超過の状態が相当期間継
続し、かつ、その営む事業に好転の見通しがないこと」における「債務
超過の状態の相当期間」とは、法人税基本通達11-2-6において「おお
むね1年以上」とされていますが、不良債権の最終処理の局面である貸
倒損失において、不良債権処理の暫定的な措置であり、毎期洗替えが予
定されている貸倒引当金に関するこの通達をそのまま適用することは適
切ではないと考えます。

　これ以外にも法人税基本通達には「相当期間」という用語が用いられ
ていますが、それぞれの制度に沿った期間が定められています。

〈参考通達〉

法人税基本通達

(相当期間の意義)

11-2-6　令第96条第1項第2号《貸倒引当金勘定への繰入限度額》に規定する「債務者につき、債務超過の状態が相当期間継続し、かつ、その営む事業に好転の見通しがないこと」における「相当期間」とは、「おおむね1年以上」とし、……(省略)……。

(相当期間未収が継続した場合等の貸付金利子等の帰属時期の特例)

2-1-25　……(省略)……

⑶　債務者につき債務超過の状態が相当期間継続し、……(省略)……

⑷　更生計画認可の決定、債権者集会の協議決定等により当該貸付金の額の全部又は相当部分について相当期間(おおむね2年以上)棚上げされることとなったこと。

(棚卸資産の評価方法の選定に係る取扱いの準用)

2-3-21　……(省略)……令第119条の6第3項《有価証券の一単位当たりの帳簿価額の算出方法の変更の手続》の規定の適用に当たっては、5-2-13《評価方法の変更申請があった場合の「相当期間」》の取扱いを準用する。

（評価方法の変更申請があった場合の「相当期間」）

5-2-13　……（省略）……その現によつている評価の方法を採用してから3年を経過していないときは、……（省略）……同条第3項の相当期間を経過していないときに該当するものとする。

（償却方法の変更申請があった場合の「相当期間」）

7-2-4　……（省略）……その現によつている償却の方法を採用してから3年を経過していないときは、……（省略）……同条第3項の相当期間を経過していないときに該当するものとする。

（増資払込み後における株式の評価損）

9-1-12　……（省略）……ただし、その増資から相当の期間〔編注〕を経過した後において改めて当該事実が生じたと認められる場合には、この限りでない。

〔編注〕　法人税基本通達9-1-12の「相当の期間」について、通常少なくとも1～2年を要するとされています（松尾公二編著「法人税基本通達逐条解説（十一訂版）」861頁（税務研究会出版局 令和5年））。

10　回収不能の判断基準（その1）

　法人税基本通達9-6-1(4)の債務者から「金銭債権の弁済を受けることができないと認められる場合」は、その支払能力があるかどうかに基づいて判断すべきもので、債務超過の事実とともに、債務者の資産状態、経営状態、その他の事情を総合的に考慮して判断すべきことになります。

昭和46年6月29日東京地裁

　およそ、法人がその有する債権を貸倒れとして損金に算入することが許されるためには、被告主張〔編注：下記に表示〕のごとき事由がなければならないものと解すべきところ、・・・

（被告主張）

(1)　……（省略）……、法人の有する債権を貸倒れとして損金に算入することが許されるためには、単に債務者において債務超過の状態があることだけでは足らず、当該事業年度中に債権の弁済期が到来し、かつ、債務者において破産・和議手続の開始、失踪、事業の閉鎖、刑の執行等による債務超過の状態が相当期間継続し、他から融資を受けることが不可能で、衰微した事業を再建する公算がたたず、しかも、債権者において強制執行等の手続をとったが債権の支払いが得られなかったこと、その他これに準ずる事情が生じ、債権回収の見込みのないことが確実になった場合でなければならないと解すべきである。

平成5年4月28日横浜地裁

5　ところで、債務超過とは、マイナス財産（負債）がプラス財産（資産）を超過することであるところ、法人税基本通達9-6-1によれば、債権額が貸倒れとして損金の額に算入されるためには、債務超過の状態が相当期間継続し、その貸金等の弁済を受けることができないと認められることが必要であるから、特定時点の計

算書類の数額が債務超過の状態を示していることのみをもつて、直ちに同規定に該当するということはできない。

平成15年5月29日宇都宮地裁
争点(2)について

(2)　ア　……（省略）……

したがって、基本通達9-6-1(4)のいう「弁済を受けることができないと認められる場合」とは、債務者において、破産、民事再生、強制執行等の手続を受け、あるいは、事業閉鎖、死亡、行方不明、刑の執行等により、債務超過の状態が相当の期間継続しながら、他から融資を受ける見込みもなく、事業の再興が望めない場合はもとより、債務者にそのような事由がなくとも、債務者の債務超過の状態が相当期間継続し、資産及び信用の状況、事業の状況、債権者による回収努力等の諸事情に照らして当該債権が回収不能であることが客観的に明らかである場合をいうと解するのが相当である。

平成17年2月18日大阪高裁

(2)　……（省略）……

基本通達9-6-1(4)の運用として、債務超過の状態如何によっては、金銭債権の一部免除の場合にも、その免除額が貸倒れとして損金算入される場合があり得るとされていることが認められる。しかし、上記法人税法の趣旨にかんがみれば、同通達が、金銭債権の一部について、債権者の恣意により損金算入されることを容認するものとは解されず、同通達(1)ないし(3)が、債務者の倒産あるいはこれ

に準ずる状況及びその法的処理あるいはこれに準ずる適正な処理を前提にしていることにかんがみ、(4)の場合も、債権の特定された一部（免除対象部分）について、その全額が回収不能であることが客観的に明らかであることが必要であり、このことは、債務超過の状態の継続だけで認定することはできないと解される。なお、単に弁済期に履行がなく、あるいは履行ができないというだけで回収不能ということはできず、将来的にも弁済を受ける見込みがないことが必要であることは、貸倒損失の趣旨に照らし、当然である。

11 回収不能の判断基準（その2）

　第三者である債務者に対して債務免除を行った場合においても、その債務者が第三者であることをもって無条件に貸倒損失を計上できるわけではなく、金銭債権の回収可能性を充分に考慮して、債務者から金銭債権の弁済を受けることができないと認められるか否かを判断すべきこととなります。

　この点について、国税庁ではホームページにおいて次のような質疑応答事例による解説を行っています。

（貸倒損失）
1　第三者に対して債務免除を行った場合の貸倒れ
【回答要旨】
　……（省略）……

（理由）

1　御照会の趣旨は、第三者に対して債務免除を行った場合に、その債務免除額は損金の額に算入できるかということかと思われます。……（省略）……

　この場合の貸倒損失の計上は、金銭債権の弁済を受けることができないと認められる場合の債務免除の取扱いですので、その債務者が第三者であることをもって無条件に貸倒損失の計上ができるというものではありませんが、第三者に対して債務免除を行う場合には、金銭債権の回収可能性を充分に検討した上で、やむなく債務免除を行うというのが一般的かと思われますので、一般には同通達の取扱いにより貸倒れとして損金の額に算入されます。

（注）　第三者に対して債務免除を行う場合であっても、同通達に掲げる場合と異なり、金銭債権の弁済を受けることができるにもかかわらず、債務免除を行い、債務者に対して実質的な利益供与を図ったと認められるような場合には、その免除額は税務上貸倒損失には当たらないことになります。

12　債務超過の状態の判断基準（その1）

　法人税基本通達9-6-1(4)は、「債務者の債務超過の状態が相当期間継続し、その金銭債権の弁済を受けることができないと認められる場合」として、債務者の支払能力等を判断することにしています。

　したがって、「債務超過の状態」は、実質的に債務者が債務超過かどうかで判断することになりますので、その評価は「時価」により判断することになります。

この点について、国税庁ではホームページにおいて次のような質疑応答事例による解説を行っています。

（特定調停による債権放棄等）

6 法人税基本通達 9 - 6 - 1⑷に該当する貸倒損失（特定調停）

【照会要旨】

特定調停により放棄（切捨て）することとなる金額が、法人税基本通達 9 - 6 - 1⑷《金銭債権の全部又は一部の切捨てをした場合の貸倒れ》に該当し、貸倒れとして損金の額に算入できる場合とは、どのような場合でしょうか。

【回答要旨】

法人債権者が行った債権放棄の額が、法人税基本通達 9 - 6 - 1⑷に該当し、貸倒れとして損金の額に算入できる要件は、次のとおりです。

① 債務超過の状態が相当期間継続していること。

② ①により、金銭債権の弁済を受けることができないと認められること。

③ 債務者に対し書面（特定調停においては調停調書）により明らかにした債権放棄であること。

なお、金銭債権の弁済を受けることができないか否かは、債務者の実質的な財産状態を検討する必要がありますから、①の「債務超過」の状態か否かは、時価ベースにより判定することとなります。

13　債務超過の状態の判断基準（その２）

　債務者が債務超過状態か否かを判定する際の資産の時価評価については、過去の裁判例などからみると不動産（土地）の時価評価が争点となることが多く、不動産の時価評価については、不動産鑑定士による法定鑑定評価に基づくことが最も無難な方法ですが、「債務超過状態の相当期間の継続」という要件の性質から債権放棄の時点のみならず過去数年に遡って時価評価を行う必要があることやコストの問題等から常に不動産鑑定士の法定鑑定評価を求めるのは難しいのが実状と思われます。

　なお、通算制度の開始等に伴う時価評価資産等に係る時価に関する法人税基本通達12の７−３−１では、その土地の近傍類地の売買実例を基礎として合理的に算定した価額又はその土地につきその近傍類地の公示価格等から合理的に算定した価額を時価として認めています。

　この場合、「公示価格」や「標準価格」によらず、相続税の財産評価基準における路線価による評価をそのままこれを用いることは適当ではありませんが、例えば、近傍類地に売買実例がなく、また、公示価格や標準価格も存しない場合に、その土地の１㎡当りの相続税評価額にその土地の所在する地域内若しくは隣接地域内における公示価格比準倍率（その地域内の全ての標準地の公示価格を同地に隣接する街路の路線価で除した割合をいいます。）の平均値を乗じて計算した価格をもって時価とする方法であれば認めることとされています（松尾公二編著「法人税基本通達逐条解説（十一訂版）」1404頁（税務研究会出版局 令和５年））。

〈参考通達〉

法人税基本通達

（通算制度の開始に伴う時価評価資産等に係る時価の意義）

12の7-3-1　法第64条の11《通算制度の開始に伴う資産の時価評価損益》の規定の適用に当たっては、次による。

(1)　同条第1項に規定する時価評価資産（以下12の7-3-7までにおいて「時価評価資産」という。）の「その時の価額」は、当該時価評価資産が使用収益されるものとしてその時において譲渡されるときに通常付される価額によるのであるが、次に掲げる資産について、次に掲げる区分に応じそれぞれ次に掲げる方法その他合理的な方法により当該資産のその時の価額を算定しているときは、課税上弊害がない限り、これを認める。

ロ　土地　当該土地につきその近傍類地の売買実例を基礎として合理的に算定した価額又は当該土地につきその近傍類地の公示価格等（地価公示法第8条《不動産鑑定士の土地についての鑑定評価の準則》に規定する公示価格又は国土利用計画法施行令第9条第1項《基準地の標準価格》に規定する標準価格をいう。）から合理的に算定した価額をもって当該土地の価額とする方法

14　回収可能な場合の債務免除

法人が金銭その他の資産又は経済的な利益の贈与又は無償の供与をし

た場合には、寄附金として損金不算入とされます（法法37①⑦）。

　したがって、金銭債権の回収が可能な場合に債務免除が行われた場合には、貸倒損失とは認められず、その免除額相当額の経済的利益を債務者に無償で供与したものとして寄附金に該当することとなります。

　ただし、子会社等の整理・再建費用として法人税基本通達9－4－1及び9－4－2の適用がある場合には寄附金として取り扱われることはありません。

　また、完全支配関係のある法人間の寄附については、グループ法人税制の適用があり、全額損金不算入となります（法法37②）。親法人が子法人に寄附をした場合には、寄附修正を行うことでその子法人に出資したのと同じ結果になります。

〈参考法令〉

> **法人税法**
>
> **（寄附金の損金不算入）**
>
> **第37条②**　内国法人が各事業年度において当該内国法人との間に完全支配関係（法人による完全支配関係に限る。）がある他の内国法人に対して支出した寄附金の額（第25条の2（受贈益の規定の適用がないものとした場合に当該他の内国法人の各事業年度の所得の金額の計算上益金の額に算入される同条第2項に規定する受贈益の額に対応するものに限る。）は、当該内国法人の各事業年度の所得の金額の計算上、損金の額に算入しない。

〈参考判決〉

平成15年5月29日宇都宮地裁

3　争点(3)について

(1)　回収不能とはいえない債権を放棄した場合、その実質は経済
　　的価値を有する債権を任意に処分したことになり、他方、債務
　　者にとっては、経済的利益の無償供与があったといえるのであ
　　るから、寄附金に該当するというべきところ、上記2に説示の
　　とおり、本件債権放棄は回収不能とはいえない本件債権につい
　　てなされたのであるから、寄附金に該当する。

〈参考裁決〉

平成28年2月8日裁決（裁決事例集No.102）

　　回収不能とはいえない債権を放棄した場合、その実質は、対価な
　くして経済的価値を有する債権を債権者が任意に処分したことにな
　り、他方、債務者にとっては、経済的利益の供与を無償で受けたと
　いえるのであるから、その行為について通常の経済取引として是認
　できる合理的な理由が存在しない限り、これを寄附金として扱うべ
　きであると解するのが相当である。

15　回収可能性が僅かにある場合の債務免除

　担保物の処分により回収可能な場合であっても、回収可能性のある金

額が少額に過ぎず、その担保物の処分に多額の費用が掛かることが見込まれ、既に債務者の債務超過の状態が相当期間継続している場合に、債務者に対して書面により債務免除を行ったときには、法人税基本通達９-６-１(4)を適用してその債務免除を行った事業年度において貸倒れとして損金の額に算入するという弾力的な取扱いが認められています。

　この点について、国税庁ではホームページにおいて次のような質疑応答事例による解説を行っています。

（貸倒損失）

２　担保物がある場合の貸倒れ

【照会要旨】

　A社は、取引先であるB社に対して１千万円の貸付金を有しており、B社所有の土地に抵当権を設定しています。

　この度B社が倒産したため、貸付金の回収可能性を検討したところ、B社には抵当権の対象となっている土地以外には資産が見当たらない上、A社の抵当権順位は第５順位となっており、B社所有の土地が処分されたとしてもその資産価値が低く、A社に対する配当の見込みが全くないことが判明しました。B社所有の土地の処分によってA社に配当される金額がない場合、B社の資産状況、支払能力等からみて、A社が貸付金の全額を回収できないことは明らかです。

　そこで、A社は、B社所有の土地の処分を待たずに、当期においてこの貸付金について貸倒れとして損金経理しようと考えていますが、税務上もこの処理は認められますか。

【回答要旨】

　当該貸付金については、貸倒れとして損金の額に算入されます。

（理由）

1　法人の有する金銭債権につき、その債務者の資産状況、支払能
　力等からみてその全額が回収できないことが明らかになった場合
　には、その明らかになった事業年度において貸倒れとして損金経
　理をすることができることとされています（法人税基本通達9－
　6－2）。

　　この場合において、その金銭債権について担保物があるときは、
　その担保物の処分後の状況によって回収不能かどうかを判断すべ
　きですから、その担保物を処分し、その処分によって受け入れた
　金額を控除した残額について、その全額が回収できないかどうか
　を判定することになります。

2　したがって、原則としては、担保物が劣後抵当権であっても、
　その担保物を処分した後でなければ貸倒処理を行うことはできま
　せん。

　　ただし、担保物の適正な評価額からみて、その劣後抵当権が名
　目的なものであり、実質的に全く担保されていないことが明らか
　である場合には、担保物はないものと取り扱って差し支えありま
　せん。

　　お尋ねの場合、A社にとって実質的に全く担保されていないこ
　とが判明し、B社の資産状況、支払能力等からみて貸付金の全額
　が回収不能と判断されるとのことですから、担保物を処分する前
　であっても貸倒れとして処理することができます。

㊟　お尋ねの場合と異なり、担保物の処分によって回収可能な金額が

ないとは言えない場合には、その担保物を処分した後でなければ貸倒処理することはできません（法人税基本通達9-6-2）。

　なお、担保物の処分による回収可能額がないとは言えないケースであっても、回収可能性のある金額が少額に過ぎず、その担保物の処分に多額の費用が掛かることが見込まれ、既に債務者の債務超過の状態が相当期間継続している場合に、債務者に対して書面により債務免除を行ったときには、その債務免除を行った事業年度において貸倒れとして損金の額に算入されます（法人税基本通達9-6-1(4)）。

16　書面による債務免除

　法人税基本通達9-6-1(4)の「書面」による債務免除とは、必ずしも当事者間の協議により締結された契約による必要はなく、債権者から債務者に対して書面により債務免除の事実を明らかにしていれば足りるとされています。

　したがって、必ずしも公正証書等の公証力のある書面によることは要件とされていませんが、税務調査におけるトラブルを回避する意味で、内容証明郵便によって債務免除を行うことが望ましいとされています。

　この点について、国税庁ではホームページにおいて次のような質疑応答事例による解説を行っています。

（貸倒損失）
1　第三者に対して債務免除を行った場合の貸倒れ
【回答要旨】
……（省略）……

（理由）

3 ……（省略）……

  (2) 債務者に対する債務免除の事実は書面により明らかにされていれば足ります。この場合、<u>必ずしも公正証書等の公証力のある書面によることを要しませんが、書面の交付の事実を明らかにするためには、債務者から受領書を受け取るか、内容証明郵便等により交付することが望ましいと考えられます。</u>

17 口頭による債務免除

  債務免除は、民法において債権者の一方的な意思表示（単独行為）によってされ、かつ、その意思表示の方式は限定されない（民法519）ことから、口頭による債務免除も法人税基本通達 9 - 6 - 1 (4)の適用が認められるのではないかと考えられます。

  しかしながら、法人税基本通達 9 - 6 - 1 (4)の適用に当たっては、客観的、外観的事実に基づいて行われたことを要するとして、債務免除を書面により行うことを求めていますので、口頭による場合のように債務免除を行ったことを示す証拠がない場合には、同通達の適用が認められないと考えられます。

〈参考法令〉

民法

第519条 債権者が債務者に対して債務を免除する意思を表示したときは、その債権は、消滅する。

〈参考判決〉

平成15年5月29日宇都宮地裁

2　争点(2)について

(2)ア　内国法人の各事業年度の所得に対する法人税の課税標準は、各事業年度の所得の金額であり（法人税法21条）、この所得の金額は当該事業年度における益金の額から損金の額を控除した金額である（同法22条1項）。同法22条3項3号は、当該事業年度の損失の額で資本等取引以外の取引に係るものは、当該事業年度の損金の額に算入されると規定しているところ、当該事業年度の損失の額で資本等取引以外の取引に係るものに該当するかどうかは、同条4項により、一般に公正妥当と認められる会計処理の基準に従って計算されることとなる。

　　　ところで、債権が回収可能であるか否かは、債務者の資産のみならず返済能力に依存することからすれば、税務計算上、損金の額に算入される金銭債権の価値減少は、当該金銭債権が消滅したか、又は回収不能の事実が発生した場合に限られる。また、回収可能であるか否かの判断は、債務者の返済能力という不可視的事由にかかわるから、その判断の公正を期するためには客観的かつ外観的事実に基づいて行われることを要するというべきである。

〈参考裁決〉

平成28年2月8日裁決（裁決事例集No.102）

イ　法令解釈等

　㈿　そして、回収不能であるか否かの判断は、債務者の返済能力という不可視的事由に関わるから、その判断の公正を期するためには客観的かつ外観的事実に基づいて行われることを要するというべきである。

ハ　当てはめ及び当事者の主張の当否

　㈼　本件債権を放棄した事実の有無

　　債権放棄は債権者の単独行為であり、かつ、その意思表示は何ら方式が限定されないところ、請求人は、…のとおり、本件事業年度末頃においてE院長に対する本件債権を放棄する意思を有していたと認められること、また、…のとおり、これに沿った会計処理が請求人及びE院長において行われたことからすると、請求人は本件債権を放棄する意思表示をしたと認められ、請求人が本件事業年度末において本件債権を放棄した事実が認められる。

　㈿　本件債権放棄による損失の額が貸倒損失に該当するか否か

　　……（省略）……

　　また、上記㈼のとおり、本件債権を放棄した事実は認められるが、本件債権放棄が書面により行われたことを示す証拠がないことからすれば、債務者に対し書面により明らかにされた債務免除額はないのであるから、本件債権放棄は法人税基本通達の⑷に掲げる事実に該当しない。

18　債務免除通知の返戻

　債務免除の事実を明らかにするため、内容証明郵便等の書面によって行われますが、法律上債権が消滅したという効力が生ずるためには、免除する意思が示された書面が相手方に到達することが必要とされます（民法519、97）。

　したがって、債務免除の意思表示をした内容証明郵便が返戻された場合には、その意思表示が相手方に到達していないため、債務免除の効力は生じていないことになります。

　なお、このような場合には公示の方法で意思表示を行うこともできます（民法98①）。具体的には、相手方が所在不明の場合は、所在不明になる直前又は最後の住所地を管轄する簡易裁判所に申し立てることになります。

〈**参考法令**〉

民法

第519条　債権者が債務者に対して債務を免除する意思を表示したときは、その債権は、消滅する。

第97条①　意思表示は、その通知が相手方に到達した時からその効力を生ずる。

②　相手方が正当な理由なく意思表示の通知が到達することを妨げたときは、その通知は、通常到達すべきであった時に到達したものとみなす。

第98条①　意思表示は、表意者が相手方を知ることができず、又はその所在を知ることができないときは、公示の方法によってする

ことができる。

〈参考裁決〉

平成27年10月2日裁決（非公開）

(1) 法令解釈等

　ハ　民法第519条は、……（省略）……、債権者が債務者に対し
　　て債務を免除する意思を表示したときは、その債権は消滅する
　　旨規定しているところ、民法上の意思表示については、いわゆ
　　る到達主義とされているため（同法第97条第1項）、当該債務
　　を免除するという意思表示を書面で行う場合において、法律上
　　債権が消滅したという効力が生ずるためには、当該意思が示さ
　　れた書面が相手方に到達することが必要であると解される。

　……（省略）……

(3) 当てはめ及び当事者の主張の当否について

　イ　当てはめ

　　(イ)　金銭債権の全部又は一部の切捨てをした場合の貸倒れ法基
　　　通9-6-1は、上記(1)のロのとおり、法律上債権が消滅した
　　　場合の貸倒れの基準を定めたものであることから、対象とな
　　　る債権の額が同通達の(4)に定める債務者に対し書面により明
　　　らかにされた「債務免除額」に当たるというためには、法律
　　　上債権が消滅している必要があるところ、法律上債権が消滅
　　　したというためには、上記(1)のハのとおり、債務を免除する
　　　という意思表示を書面で行う場合、当該意思が示された書面
　　　が相手方に到達することが必要であると解されている。

　これを本件についてみると、請求人は、上記(2)のロ及びハのとおり計上されていた本件前期末債権額のうち本件対象債権の額について、上記１の(4)のニのとおり、本件事業年度において、請求人の債務者である■■■■に対して本件通知書を内容証明郵便により送付したが、本件通知書は受取人不在として保管期間経過後に請求人に返戻され到達しておらず、また、他に債務を免除するという意思表示が示された書面が■■■■に到達した事実は認められない。そうすると、民法上、請求人の■■■■に対する本件対象債権の額の債権放棄はいまだ効力が生じていないことから、本件対象債権の額は、法律上消滅していないものと認められる。

　したがって、本件対象債権の額は、債務超過状態の継続及び回収不能を判断するまでもなく、法基通９−６−１の(4)に定める「債務者に対し書面により明らかにされた債務免除額」には当たらないため、同通達の取扱いにより、本件事業年度の貸倒れとして損金の額に算入することはできないと認められる。

19 非更生債権の処理

　更生会社に対して有する債権は、更生手続開始の決定があった日後裁判所の指定する期限までに届出をしなかった場合には、更生債権として更生手続に参加することができないことになっています（会社更生法135①、138①）。そして、更生計画の定め又は会社更生法の規定によって認められた権利を除き、全ての債権は更生計画認可の決定があった時において消滅することになっています（会社更生法204①）。

　したがって、債権届出をしなかったため更生計画に係る更生債権とされなかったもの（非更生債権）は、更生計画認可の決定のあった日に貸倒れとして処理することとされています（法基通14-3-7）。

〈参考法令〉

> **会社更生法**
> **第135条①**　更生債権者等は、その有する更生債権等をもって更生手続に参加することができる。
> **第138条①**　更生手続に参加しようとする更生債権者は、債権届出期間（第42条第1項の規定により定められた更生債権等の届出をすべき期間をいう。）内に、次に掲げる事項を裁判所に届け出なければならない。
> **第204条①**　更生計画認可の決定があったときは、次に掲げる権利を除き、更生会社は、すべての更生債権等につきその責任を免れ、株主の権利及び更生会社の財産を目的とする担保権はすべて消滅する。

〈参考通達〉

法人税基本通達

（非更生債権等の処理）

14-3-7　債権法人が更生会社等に対して有する債権で指定された期限までに裁判所に届け出なかったため更生計画に係る更生債権とされなかったものについては、その金額を当該更生計画認可の決定のあった日において貸倒れとすることができる。更生計画の定めるところにより交付を受けた募集株式、設立時募集株式若しくは募集新株予約権又は出資若しくは基金の拠出（以下「募集株式等」という。）の割当てを受ける権利について当該募集株式等の引受け等の申込みをしなかったこと又はこれらの権利に係る株主となる権利若しくは新株予約権について払込期日までに払込みをしなかったためこれらの権利を失うことになった場合についても、同様とする。

20　条件付債権切捨て

　再生計画等において、追加弁済の実施（又は弁済原資の不存在の確認）をもって債権が切り捨てられるという債権の切捨てについて停止条件（民法127①）が付されたものや、一旦切捨てが行われるものの追加弁済原資が生じた場合には、その追加弁済を受ける金額分だけ債権の切捨てが無効とされるという債権の切捨てについて解除条件（民法127②）が付されたものがあります。

停止条件付の場合には、追加弁済の実施が行われていない以上、停止条件は成就しておらず、法的に消滅していないため、貸倒損失の計上はできないと考えます。

　反面、解除条件付の場合には、その条件が成就する可能性がゼロになるまでその債権が実質的に存在しているものとして貸倒損失を計上しないという考え方もありますが、民事再生法等の裁判所が関与する法的整理手続により債権が切り捨てられ、かつ、解除条件の成就がない限りその債権の切捨ては有効であることから、解除条件が成就する可能性がゼロになるまで貸倒損失の計上を見合わせる必要はないと考えます。

　なお、民事再生法等の裁判所が関与する法的整理手続においては、下記21「日本興業銀行事件」の控訴審判決にいう「法人側の都合で損金計上時期を人為的に操作することを許容することになる」懸念もなく、解除条件の成就の可否が明らかになるまで損金算入を認めないとしたならば、有効に成立した本再生計画の効力を課税所得の計算上否定することになり、まさに第一審判決にいう「納税者に対して経済的にみて無益かつ有害な行動を強いる結果を招くこととなる」と考えます。

〈参考法令〉

民法
第127条①　停止条件付法律行為は、停止条件が成就した時からその効力を生ずる。
②　解除条件付法律行為は、解除条件が成就した時からその効力を失う。

〈参考裁決〉

平成11年12月22日裁決（非公開）

ハ　貸倒損失

(イ)　貸倒損失の取扱いについては、法人税法上特段の規定はないが、基本通達9−6−1の(3)では、法令の規定による整理手続によらない関係者の協議決定のうち、①債権者集会の協議決定で合理的な基準により債務者の負債整理を定めているもの及び②でその内容が上記①に準ずるものにより切り捨てられることとなった部分の金額を、その事実が発生した日の属する事業年度において貸倒れとして損金の額に算入することと定められているが、当審判所においても、これらの定めは相当であると認められる。

(ロ)　これを本件についてみると、本件和解は行政機関又は金融機関その他の第三者のあっせんによる当事者間の協議により締結された契約に該当すると認められる。

(ハ)　しかしながら、基本通達9−6−1の(3)のロは関係者の協議決定により現に債権が切り捨てられている場合に適用されるのであるが、前記・・・によれば、本件和解は本件和解金を完済したときにはじめて効力が発生する停止条件付きの債務免除であると認められ、前記・・・及び当審判所の調査によると、本件和解金は本件事業年度において完済されているとは認められないことから、本件和解によって本件事業年度において本件債権の切り捨てがあったとは認められない。

平成20年5月2日裁決（非公開）

(2)　争点ロについて

イ　法人税法第22条第3項第3号は、内国法人の各事業年度の所得
　の金額の計算上、その事業年度の損失の額で資本等取引以外の取
　引に係るものは、その事業年度の損金の額に算入すべき金額とす
　る旨規定しており、法人の有する金銭債権について貸倒れが生じ
　た場合の損失の額は、これが発生した事業年度の損金の額に算入
　される。

　　そして、貸倒損失の判定の具体的な取扱いについては、基本通
　達9-6-1から同通達9-6-3《一定期間取引停止後弁済がない
　場合等の貸倒れ》が、貸倒損失の事実認定に関しての基本的な考
　え方を示し、課税の公平あるいは画一的な処理を図るために、いか
　なる事実があれば貸倒損失とするかについて具体的に定めている。

　　このうち、基本通達9-6-1(3)は、法令の規定による整理手続
　によらない関係者の協議決定のうち、①債権者集会の協議決定で
　合理的な基準により債務者の負債整理を定めているもの、及び、
　②行政機関又は金融機関その他の第三者のあっせんによる当事者
　間の協議により締結された契約でその内容が①に準ずるものによ
　り切り捨てられることとなった部分の金額を、その事実が発生し
　た日の属する事業年度において貸倒れとして損金の額に算入する
　ことと定めており、当審判所においても、この取扱いは相当であ
　ると解する。

ロ　これを本件についてみると、別紙・・・各記載のとおり、本件
　各和解における支払の免除は、本件各内金が完済されたときに初
　めてその効力が発生する停止条件付債務免除であると認められる。

また、上記・・・によれば、平成16年1月期において、本件各内金は完済されていないことから、本件各和解の条件は成就しておらず、本件金額は、基本通達9-6-1(3)に定める「切り捨てられることとなった部分の金額」には当たらない。

ハ　加えて、本件各貸付金については、他に平成16年1月期において貸倒れが生じたと認めるに足る事実も見当たらないことから、法人税法第22条第3項第3号の規定に基づき損金の額に算入すべき金額があったとも認められない。したがって、本件金額は、平成16年1月期の損金の額に算入されない。

ニ　この点について、請求人は、上記・・・のとおり、・・・に対してその支払を免除した旨主張する。

　しかしながら、上記ロのとおり、本件各和解による約定は、停止条件付債務免除であると認められ、債務免除の効果は本件各内金が完済されたときに生ずると解すべきであるから、この点に関する請求人の主張を採用することはできない。

21　解除条件付債権放棄（日本興業銀行事件）

　解除条件付債権放棄による貸倒損失の損金算入の可否については、いわゆる「日本興業銀行事件」において争われ、第一審判決では、解除条件付債権放棄による貸倒損失の損金算入を認め、控訴審判決では、解除条件付債権放棄では損失が確定していないとしてその損金算入を否定し、上告審判決では、「債権の全額が回収不能であることは客観的に明らかとなっていたというべきである。そして、このことは、債権放棄が解除

条件付でされたことによって左右されるものでない。」として貸倒損失
の損金算入を認めています。

〈参考判決〉

日本興業銀行事件
第一審判決（平成13年3月2日東京地裁）
3　本件債権放棄の効力
　被告は本件債権放棄に解除条件が付されていることから、これに
よる損失は確定しておらず損金に算入することができない旨主張す
る。
　しかし、損金算入の前提として、損失の確定を要するとしても、
そこでいう確定とは、一般に税法上の権利確定主義という用語で言
われる際の確定と同義のものと解すべきであって、抽象的な権利義
務の発生にとどまらず訴訟において請求又は確認し得る程度に具体
的に発生していることを意味するものと解すべきである。このよう
な観点から本件債権放棄をみると、その内容は、前記事実関係から
すると、民法127条2項にいう解除条件に当たり、その意思表示後
条件成否未定の間も債権放棄の法的効力は発生しており、その効力
は、抽象的なものではなく、訴訟においても本件債務の不存在が確
認される程度に具体的に発生しているのであるから、損失の発生は
確定しているというべきである。
　……（省略）……
　さらに、被告は本件債権は既に利息が免除されていたから解除条
件付債権放棄は経済的には停止条件付債権放棄と異ならないと主張
するが、停止条件付債権放棄では、条件成否未定の間は債権が依然

として存在しこれを行使することができ、例えば、自ら破産申立てをするなどして政府の住専処理スキームを瓦解させることも可能なのに対し、解除条件付債権放棄ではこのような行動に出ることはできず、単に住専処理スキームの成否を静かに見守るしかないという点で大きな違いがあるというほかなく、右主張は取るに足らないものというほかない。

4　本件債権放棄の損金該当性

このように本件債権放棄の効力は、既にそれがされた時点において確定的に発生したと認めることができ、しかも、その理由は、経済的にみて合理的であって、これを損金と評価しないことは、納税者に対して経済的にみて無益かつ有害な行動を強いる結果を招くこととなると考えられるから、これを無償による経済的利益の供与として損金算入を否定することはできず、原告は本件債権放棄によってその債権相当額の損失を受けたものと評価すべきである。

控訴審判決（平成14年3月14日東京高裁）

2　本件債権放棄による本件事業年度における損金算入の適否

㈡　……（省略）……

そして、このような解除条件の付された債権放棄に基づく損失の損金算入時期を、当該意思表示のされたときの属する事業年度としたときには、本来、無条件の債権放棄ができず、当該事業年度において損金として計上することができない事情があるにもかかわらず、法人側の都合で損金計上時期を人為的に操作することを許容することになるのであって、一般に公正妥当と認められる会計処理の基準に適合するものとはいえない。

㈢　そして、そもそも、課税は、私法上の法律行為の法的効果自体にではなく、これによってもたらされる経済的効果に着目して行われるものであるから、ある損金をどの事業年度に計上すべきかは、具体的には、収益についてと同様、その実現があった時、すなわち、その損金が確定したときの属する年度に計上すべきものと解すべきところ、解除条件付き債権放棄の私法上の効力は、当該意思表示の時点で生ずるものの、本件におけるような流動的な事実関係の下においては、債権放棄の効力が消滅する可能性も高く、未だ確定したとはいえないのであるから、本件解除条件付きでされた債権放棄に基づいて生ずる損金については、当該条件の不成就が確定したときの属する年度、すなわち、本件事業年度ではなく、住専処理法と住専処理を前提とする予算が成立し、Ｂの営業が譲渡され、解散の登記がされた翌事業年度の損金として計上すべきものというべきである。

上告審判決（平成16年12月24日最高裁）

4　しかしながら、原審の上記判断は是認することができない。その理由は、次のとおりである。

⑶　以上によれば、Ａ銀行が本件債権について非母体金融機関に対して債権額に応じた損失の平等負担を主張することは、それが前記債権譲渡担保契約に係る被担保債権に含まれているかどうかを問わず、平成8年3月末までの間に社会通念上不可能となっており、当時のＢの資産等の状況からすると、本件債権の全額が回収不能であることは客観的に明らかとなっていたというべきである。そして、このことは、本件債権の放棄が解除条件付きでさ

れたことによって左右されるものではない。

22　破産手続終結に係る貸倒損失

　法人税基本通達9-6-1では、会社更生、民事再生、特別清算の法的手続による場合が定められていますが、破産法の手続の場合は定められていません。

　これは、会社更生法、民事再生法、会社法において、法的に債権を消滅させる手続が定められているのに対して、破産法における法人の破産手続では配当されない部分の債権を消滅させる手続がないことによるものと考えます。

　法人の破産手続については、裁判所は破産法人の財産がない場合には廃止決定（破産法216①、217①）又は終結決定（破産法220①）を出すこととされており、破産法人の登記も閉鎖されることとされています（破産法257⑦）。このように、この決定がなされた時点で破産法人は消滅することからすると、この時点において、当然、破産法人に分配可能な財産はなく、破産債権者が破産法人に対して有する金銭債権もその全額が滅失したと考えられることから、破産手続の廃止決定又は終結決定を理由に貸倒処理することができるとされています（平成20年6月26日裁決）。

　個人の破産手続については、免責許可決定があるまでは債権が消滅したことにはならない（破産法253①）ことから、それまでの間の破産者に対して有する金銭債権についての貸倒処理は、法人税基本通達9-6-1の適用ではなく、同9-6-2の適用が考えられます。

なお、債務者に保証人がいる場合は破産法第253条第2項で保証人にはその免責の効果は及ばないとしており、主債務者の破産手続が終了しても、保証人は引き続き保証を負うことになりますので直ちに貸倒処理することは認められないことになります（下記「28保証人の存在」を参照してください。）。

〈参考法令〉

> **破産法**
>
> **第2条⑭**　この法律において「破産財団」とは、破産者の財産又は相続財産若しくは信託財産であって、破産手続において破産管財人にその管理及び処分をする権利が専属するものをいう。
>
> **第216条①**　裁判所は、破産財団をもって破産手続の費用を支弁するのに不足すると認めるときは、破産手続開始の決定と同時に、破産手続廃止の決定をしなければならない。
>
> **第217条①**　裁判所は、破産手続開始の決定があった後、破産財団をもって破産手続の費用を支弁するのに不足すると認めるときは、破産管財人の申立てにより又は職権で、破産手続廃止の決定をしなければならない。この場合においては、裁判所は、債権者集会の期日において破産債権者の意見を聴かなければならない。
>
> **第220条①**　裁判所は、最後配当、簡易配当又は同意配当が終了した後、第88条第4項の債権者集会が終結したとき、又は第89条第2項に規定する期間が経過したときは、破産手続終結の決定をしなければならない。
>
> **第253条①**　免責許可の決定が確定したときは、破産者は、破産手続による配当を除き、破産債権について、その責任を免れる。た

だし、次に掲げる請求権については、この限りでない。

②　免責許可の決定は、破産債権者が破産者の保証人その他破産者と共に債務を負担する者に対して有する権利及び破産者以外の者が破産債権者のために供した担保に影響を及ぼさない。

第257条①　法人である債務者について破産手続開始の決定があったときは、裁判所書記官は、職権で、遅滞なく、破産手続開始の登記を当該破産者の本店又は主たる事務所の所在地を管轄する登記所に嘱託しなければならない。ただし、破産者が外国法人であるときは、……（省略）……

⑦　第一項の規定は、同項の破産者につき、破産手続開始の決定の取消し若しくは破産手続廃止の決定が確定した場合又は破産手続終結の決定があった場合について準用する。

〈参考裁決〉

平成20年6月26日裁決（裁決事例集No.75）

(2)　貸倒損失が発生した日

イ　上記1の(3)のイの(イ)のとおり、法人税法第22条第3項第3号は、内国法人の各事業年度の所得の金額の計算上当該事業年度の損金の額に算入すべき金額として、当該事業年度の損失の額で資本等取引以外の取引に係るものと規定し、また、同条第4項は、同条第3項第3号に掲げる額は、一般に公正妥当と認められる会計処理の基準に従って計算されるものとする旨規定している。

また、法人の有する金銭債権について貸倒れが発生した場合には、その貸倒れによる損失はその法人の損金の額に算入されるこ

ととなるが、これは、その貸倒れによって金銭債権の資産価額が消滅すること、つまり、貸倒れによる金銭債権全体の滅失損を意味する。

したがって、法人が所有する金銭債権が貸倒れとなったか否かは、第一次的には、その金銭債権が滅失したか否かによって判定され、その債権が滅失している場合には、法人がこれを貸倒れとして損金経理しているか否かにかかわらず、税務上はその債権が滅失した時点において損金の額に算入することとなる。

ところで、法人の破産手続においては、配当されなかった部分の破産債権を法的に消滅させる免責手続はなく、裁判所が破産法人の財産がないことを公証の上、出すところの廃止決定又は終結決定があり、当該法人の登記が閉鎖されることとされており、この決定がなされた時点で当該破産法人は消滅することからすると、この時点において、当然、破産法人に分配可能な財産はないのであり、当該決定等により法人が破産法人に対して有する金銭債権もその全額が滅失したとするのが相当であると解され、この時点が破産債権者にとって貸倒れの時点と考えられる。

23 特定調停による債権放棄（その1）

会社更生、民事再生、特別清算の法的手続により債権切捨てが発生すれば、当然、法的な請求権は消滅することから、貸倒処理ができる旨が法人税基本通達9−6−1(1)(2)において明示されていますが、法的に債権を切り捨てる手続のない特定調停は破産の場合と同様に明示されていま

せん。

　特定調停の成立により債務者に対して債権放棄が行われますが、その調停条項は、「特定債務者の経済的再生に資するとの観点から、公正かつ妥当で経済的合理性を有する内容のものでなければならない。」とされています（債務等の調整の促進のための特定調停に関する法律15）。これは、税務上の判断基準である「経済合理性」と共通する部分は少なくないものの、基本的には別個の概念であり、特定調停上の合意に基づく債権放棄であるからといって直ちに貸倒損失として損金算入が認められるとは限らないと考えられます（「調停時報」平成12年145号、141頁）。

　この点について、国税庁ではホームページにおいて次のような質疑応答事例による解説を行っています。

（特定調停による債権放棄等）

7　特定調停の「経済的合理性」と法人税基本通達の「相当な理由」との関係

【照会要旨】

　特定債務等の調整の促進のための特定調停に関する法律（以下「特定調停法」といいます。）の「経済的合理性」と法人税基本通達の「相当な理由」との関係はどのようなものですか。

【回答要旨】

　特定調停法では、調停条項が「特定債務者の経済的再生に資するとの観点から、公正かつ妥当で経済的合理性を有する内容」でなければならないとされています（特定調停法第15条、第17条第2項、第18条）。

　一方、法人税法上、債権放棄が寄附金に該当せず損金の額に算入

されるために必要な「相当な理由」の有無については、①債権放棄等を行うことの相当性、②債権放棄等の額が合理的であること、③再建管理が行われること、④債権放棄等をする者の範囲が相当であること、⑤債権放棄等の額について各債権者の負担割合が合理的であること等を総合的に検討することとなります（法人税基本通達9－4－2�注）。

　特定調停法における「経済的合理性」と、税務上の取扱いにおける「相当な理由」とは大部分が一致すると考えられますが、一致しない場合もあり得ると考えられます。

24　特定調停による債権放棄（その2）

　特定調停の成立により債務者に対して債権放棄を行った場合、法人税基本通達9－6－1⑶又は⑷に該当するかどうかの判断となりますが、同通達⑶の債権者集会と同様に大部分の債権者が特定調停手続に参加し、合理的な基準によって負債整理が定められている場合、又は、同通達⑷の債務超過の状態が相当期間継続していて、このため弁済を受けることができないと認められる場合で、かつ、特定債務者に対して調停調書等の書面により明らかにした債務免除である場合には、それぞれ同通達の⑶又は⑷に該当するものとして貸倒損失として損金の額に算入することが認められます。

　この点について、国税庁ではホームページにおいて次のような質疑応答事例による解説を行っています。

（特定調停による債権放棄等）

5　法人税基本通達9-6-1⑶ロに該当する貸倒損失（特定調停）

【照会要旨】

　特定調停により放棄（切捨て）することとなる金額が法人税基本通達9-6-1⑶ロ《金銭債権の全部又は一部の切捨てをした場合の貸倒れ》に該当し、貸倒れとして損金の額に算入できる場合とは、どのような場合でしょうか。

【回答要旨】

　特定調停により放棄（切捨て）することとなる金額が、法人税基本通達9-6-1⑶ロに該当し、貸倒れとして損金の額に算入できる場合としては、①債権者集会と同様に大部分の債権者が特定調停手続に参加し、②負債整理が合理的な基準㈨により定められている場合などがこれに該当します。

㈨　「合理的な基準」とは、一般的に、すべての債権者についておおむね同一の条件でその切捨額等が定められているような場合をいいますが、例えば、少額債権者については優先的に弁済するようなことも、状況次第によっては「合理的な基準」に該当するものと考えられます。

6　法人税基本通達9-6-1⑷に該当する貸倒損失（特定調停）

【照会要旨】

　特定調停により放棄（切捨て）することとなる金額が、法人税基本通達9-6-1⑷《金銭債権の全部又は一部の切捨てをした場合の貸倒れ》に該当し、貸倒れとして損金の額に算入できる場合とは、どのような場合でしょうか。

【回答要旨】

法人債権者が行った債権放棄の額が、法人税基本通達9−6−1⑷に該当し、貸倒れとして損金の額に算入できる要件は、次のとおりです。

① 債務超過の状態が相当期間継続していること。

② ①により、金銭債権の弁済を受けることができないと認められること。

③ 債務者に対し書面（特定調停においては調停調書）により明らかにした債権放棄であること。

　なお、金銭債権の弁済を受けることができないか否かは、債務者の実質的な財産状態を検討する必要がありますから、①の「債務超過」の状態か否かは、時価ベースにより判定することとなります。

25 特定調停による債権放棄（その3）

　法人が、子会社等の整理・再建のために債権放棄や無利息貸付け等の損失負担を行った場合であっても、その損失負担をすることについて相当な理由があり、経済合理性があると認められる場合には、その損失負担等による経済的利益の供与は寄附金に該当しないこととされています（法基通9−4−1、9−4−2）ので、この取扱いに該当する場合には、単純損として損金の額に算入することが認められると考えられます。

　この点について、国税庁ではホームページにおいて次のような質疑応答事例による解説を行っています。

（特定調停による債権放棄等）

13　貸倒れに該当しない債権放棄の検討

【照会要旨】

貸倒れに該当しない債権放棄は、寄附金に該当することになるのでしょうか。

【回答要旨】

貸倒れに該当しない債権放棄（回収不能が明らかでない場合の債権放棄）であっても、その債権放棄を行うことについて経済合理性を有する場合には、寄附金に該当しないこととなります。

具体的には、法人税基本通達9-4-1《子会社等を整理する場合の損失負担等》又は9-4-2《子会社等を再建する場合の無利息貸付け等》においては、子会社等を整理・再建するために行う債権放棄等（債権放棄及び無利息貸付け等）で、相当な理由があり経済合理性を有する場合には、寄附金に該当しないものとされています。

このため、貸倒れに該当しない債権放棄等については、経済合理性を有するか否かについて法人税基本通達9-4-1、9-4-2に基づき検討をすることとなります。

8　債務者は「子会社等」に該当するか（特定調停）

【照会要旨】

特定調停における債権者にとって債務者は、法人税基本通達9-4-1《子会社等を整理する場合の損失負担等》及び9-4-2《子会社等を再建する場合の無利息貸付け等》の「子会社等」に該当するのでしょうか。

【回答要旨】

法人税基本通達9-4-1㊟では、「子会社等には、当該法人と資

本関係を有する者のほか、取引関係、人的関係、資金関係等において事業関連性を有する者が含まれる（以下9-4-2において同じ。）」とされています。

　特定調停の当事者である債権者にとって、特定債務者は融資関係を有していることから、事業関連性を有する（特定債務者が個人であっても）子会社等に該当することとなります。

9　特定調停事案における支援者の範囲の相当性、支援割合の合理性

【照会要旨】

　特定調停事案における支援者の範囲の相当性、支援割合の合理性は、どのように検討するのでしょうか。

【回答要旨】

　子会社等を整理・再建するためのいわゆる再建支援等事案については、支援者と被支援者との事業関連性の度合い等をみて支援者の範囲の相当性、支援割合の合理性を検討することとしています。

　特定調停における債権者と特定債務者との事業関連性は、一般的に融資関係に留まるものと考えられ、その融資の発生原因や融資残高等をみて支援者の範囲の相当性、支援割合の合理性を検討することとなります。

　なお、融資関係以外の事業関連性（出資、役員派遣等）がある場合には、その事業関連性を含めて検討することとなります。

26 個人版私的整理ガイドライン等による債権放棄

　次の①から⑤に掲げる国税庁の文書回答により、一定の弁済計画や調停条項に従い債権放棄が行われた場合には、債権者におけるその債権放棄により生じた損失は、法人税基本通達9－6－1⑶ロの要件に該当することから、貸倒れとして損金の額に算入されることが明らかにされています。

　また、その債権放棄に係る債務免除益は所得税法44条の2（次の①に関しては、旧所得税基本通達36－17）に該当することから、債権放棄を受けた債務者の所得金額の計算上収入金額に算入されないことも明らかにされています。

①　平成23年8月16日付国税庁課税部長文書回答「「個人債務者の私的整理に関するガイドライン」に基づき作成された弁済計画に従い債権放棄が行われた場合の課税関係について」

　(注)　東日本大震災の被災者支援に関して策定されたこのガイドラインは、令和3年3月31日をもって適用を終了し、東日本大震災の一定の被災者は、同日後に次の④の「自然災害による被災者の債務整理に関するガイドライン」の対象債務者に含まれることとされています。

②　平成28年6月1日付国税庁課税部審理室長文書回答「地域経済活性化支援機構が行う特定支援業務に基づき作成された弁済計画に従い債権放棄が行われた場合の課税関係について」

③　平成30年6月4日付国税庁課税部審理室長文書回答「特定調停スキーム（廃業支援型）に基づき債権放棄が行われた場合の税務上の取扱いについて」

④　令和2年11月5日付国税庁課税部審理室長文書回答「「自然災害に

よる被災者の債務整理に関するガイドライン」に基づき作成された調停条項に従い債権放棄が行われた場合の課税関係について」

(注) このガイドラインの対象債務者に、新型コロナウイルス感染症の影響を受けた一定の者が含まれることとされました。

⑤ 令和4年4月1日付国税庁課税部長文書回答「「中小企業の事業再生等に関するガイドライン（廃業型私的整理手続）」に基づき策定された弁済計画により債権放棄が行われた場合の税務上の取扱いについて」

27 消滅時効が完成した債権

権利不行使の状態が一定期間継続すると権利は消滅する（消滅時効）こととされ、商事債権について債権者が権利を行使することができることを知った時から5年間行使しないとき又は権利を行使することができる時から10年間行使しないときは、時効によって消滅するとされています（民法166①）。

しかし、この消滅時効については、債務者が時効を援用した場合に初めてその債権者は履行請求権を主張できなくなるものと解されています（民法145）。つまり、時効が完成した場合であっても債務者が時効を援用しない場合もありうるので、債権が法的に消滅することにはなりません。このことから、法人税基本通達9－6－1には消滅時効は含まれていないものと考えられます。

したがって、債権について消滅時効が完成した場合であっても、債務者が時効の援用をしない場合（すなわち、債務者が債務の承認をした場合）に貸倒処理は認められないことになります（森文人「租税研究」

2011年9月、233頁参照）。

〈参考法令〉

民法

第145条　時効は、当事者（消滅時効にあっては、保証人、物上保
　証人、第三取得者その他権利の消滅について正当な利益を有する
　者を含む。）が援用しなければ、裁判所がこれによって裁判をす
　ることができない。

第166条①　債権は、次に掲げる場合には、時効によって消滅する。
　一　債権者が権利を行使することができることを知った時から五
　　年間行使しないとき。
　二　権利を行使することができる時から十年間行使しないとき。

28　保証人の存在

　更生計画認可の決定等により、切り捨てられた債権の全部又は一部に
ついて、保証人等が存在する場合には、付従性の原則の例外として、保
証人等に切捨ての効果は及ばないこととされています（会社更生法203
②、民事再生法177②、会社法571②、破産法253②）。

　したがって、保証人等が存在する場合には、直ちに貸倒損失として処
理することは認められないことになります。

　ただし、旧不良債権償却証明制度（平成5年11月29日蔵検439号）に
おいては、保証人等によって回収できることが明らかなときは、その金
額を控除して貸倒処理をすることになっていました。この償却証明制度

は廃止されていますが、法人税基本通達9-6-1についてなんら変更は行われていませんので、その考え方は今でも有効と考えられます。

〈参考法令〉

会社更生法

第203条② 更生計画は、更生債権者等が更生会社の保証人その他更生会社と共に債務を負担する者に対して有する権利及び更生会社以外の者が更生債権者等のために提供した担保に影響を及ぼさない。

民事再生法

第177条② 再生計画は、別除権者が有する第53条第1項に規定する担保権、再生債権者が再生債務者の保証人その他再生債務者と共に債務を負担する者に対して有する権利及び再生債務者以外の者が再生債権者のために提供した担保に影響を及ぼさない。

会社法

第571条② 協定は、第522条第2項に規定する債権者が有する同項に規定する担保権、協定債権者が清算株式会社の保証人その他清算株式会社と共に債務を負担する者に対して有する権利及び清算株式会社以外の者が協定債権者のために提供した担保に影響を及ぼさない。

破産法

第253条② 免責許可の決定は、破産債権者が破産者の保証人その

> 他破産者と共に債務を負担する者に対して有する権利及び破産者
> 以外の者が破産債権者のために供した担保に影響を及ぼさない。

〈参考資料〉

「**不良債権償却証明制度等実施要領について**」

　8．審理上留意すべき事項

　⑺　**その他**

　　ロ　法人税基本通達「9-6-1」の会社更生計画の認可決定等に
　　　よって切り捨てられた債権の全部または一部について、保証人
　　　等によって回収できることが明らかなときは、当該金額を控除
　　　して貸倒処理をするように指導する。

29　無限責任社員の存在

　合名会社は、その定款にその社員の全部を無限責任社員とする旨を記
載又は記録しなければならないこととされています（会社法576②）。ま
た、合資会社は、その定款にその社員の一部を無限責任社員とし、その
他の社員を有限責任社員とする旨を記載又は記録しなければならないと
されています（会社法576③）。

　この場合、有限責任社員は、その出資の価額を限度として、合資会社
の債務を弁済する責任を負うことになります（会社法580②）が、無限
責任社員にはこのような規定は存在しませんので、合名会社とともにそ
の債務を弁済する責任を負うことになります。

したがって、無限責任社員が存在する合名会社及び合資会社が債務者の場合には、その無限責任社員の資力等を検討する必要があると考えられます。

〈参考判決〉

昭和58年12月23日名古屋地裁（所得税事件）

　2　昭和45年から昭和47年までの貸倒の有無

　……（省略）……

(1)　A工務店に対する貸倒について

　　……（省略）……A工務店はそのころ倒産し、右小切手および約束手形はすべて不渡となつたこと、<u>A工務店の無限責任社員であつた甲</u>は同年8月ごろ、当時住んでいた同人所有の建物を売却し、A工務店の債務の支払にあてたが、残債務として約1,500万円残つたこと、原告はその後A工務店から20万円の返済を受けたが、残額については現在まで返済を受けていないことが認められ、これに反する証拠はない。

　　右事実によれば、原告のA工務店に対する工事残代金189万3,000円の回収は不能となつたといいうるかのようである。

　　しかし、<u>合資会社に対する債権の回収が不能となつたというためには、合資会社の無限責任社員は合資会社とともにその債務の支払をすべき義務があるから、単に合資会社のみならず無限責任社員に対しても債権の回収が不能であることが必要だと解される</u>ところ、……（省略）……甲は前記のとおり昭和45年8月ごろ、当時住んでいた同人所有の家屋を売却したものの、売却後も昭和46年9月ごろまで右家屋に居住し、その後現在の住居地へ移つた

こと、右甲は、右倒産後である昭和45年10月22日ごろ、原告から事業および生活資金として50万円借受け、同日付で同人所有のＢ市Ｃ区Ｄ町2003番地…（省略）……の建物に債権額を100万円とする抵当権設定登記をするとともに、個人で建築請負業を始めたことを認めることができ……（省略）……、以上の事実によれば、甲は昭和45年当時全くの無資力、無資産でもなく、その行方も判明していたのであるから、原告のＡ工務店に対する前記工事残代金189万3,000円の回収は昭和45年中に相当困難になつたことは否定すべくもないが、いまだ同年中に明らかに不能となつたとまで認めることはできない。

　してみると、原告のＡ工務店に対する右工事残代金はいまだ昭和45年中に貸倒になつたと認めることはできない。

30　部分貸倒れ

　債権者の判断により金銭債権の部分的な貸倒れ（部分貸倒れ）の損金算入が認められるのは、部分的に行われた債務免除額につき「債務者の債務超過の状態が相当期間継続し、その金銭債権の弁済を受けることができないと認められる場合において、その債務者に対し書面により明らかにされた債務免除額」として法人税基本通達9-6-1(4)の適用が認められる場合となります（松尾公二編著『法人税基本通達逐条解説（十一訂版）』1105頁、税務研究会出版局、令和5年）。

　次のような債務免除により部分貸倒れを行った場合の法人税基本通達9-6-1(4)の適用の可否について争われた事例があります。

平成15年5月29日宇都宮地裁

2　争点(2)について

　(2)ア　内国法人の各事業年度の所得に対する法人税の課税標準は、各事業年度の所得の金額であり（法人税法21条）、この所得の金額は当該事業年度における益金の額から損金の額を控除した金額である（同法22条1項）。同法22条3項3号は、当該事業年度の損失の額で資本等取引以外の取引に係るものは、当該事業年度の損金の額に算入されると規定しているところ、当該事業年度の損失の額で資本等取引以外の取引に係るものに該当するかどうかは、同条4項により、一般に公正妥当と認められる会計処理の基準に従って計算されることとなる。

　　ところで、債権が回収可能であるか否かは、債務者の資産のみならず返済能力に依存することからすれば、税務計算上、損金の額に算入される金銭債権の価値減少は、当該金銭債権が消滅したか、又は回収不能の事実が発生した場合に限られる。また、回収可能であるか否かの判断は、債務者の返済能力という不可視的事由にかかわるから、その判断の公正を期するためには客観的かつ外観的事実に基づいて行われることを要するというべきである。

　　したがって、……（省略）……

　　この点、原告は基本通達9-6-1(4)においては、当該債権全額が経済的に無価値であることを要せず、損金算入の基準はより緩和されるべきであると主張する。しかしながら、基

> 本通達9-6-1⑷においても、放棄される部分については経
> 済的に無価値となっていることを要するというべきであるか
> ら、損金算入の認定基準が緩和されるものではない。

31　みなし解散と貸倒損失

　みなし解散は、最後の登記から12年間経過した株式会社に適用され、公告又は通知の日から2月以内に事業を廃止していない旨の届出をすることでその適用を受けないことができます（会社法472①）。仮に解散されても、継続の手続をとることで、元に戻ることは可能です（会社法473）。

　そうすると、みなし解散がされたことを理由に貸倒損失の計上はできないものと考えますが、事実上回収不能であるのであれば、法人税基本通達9-6-2を適用しての貸倒損失の計上の余地はあると考えられます。

　令和4年度に整理作業が行われ、この作業におけるみなし解散の日は、令和4年12月13日とされています。

〈参考法令〉

> 第472条①　休眠会社（株式会社であって、当該株式会社に関する
> 　登記が最後にあった日から12年を経過したものをいう。以下この
> 　条において同じ。）は、法務大臣が休眠会社に対し2箇月以内に
> 　法務省令で定めるところによりその本店の所在地を管轄する登記
> 　所に事業を廃止していない旨の届出をすべき旨を官報に公告した
> 　場合において、その届出をしないときは、その2箇月の期間の満

了の時に、解散したものとみなす。ただし、当該期間内に当該休眠会社に関する登記がされたときは、この限りでない。

第473条　株式会社は、第471条第1号から第3号までに掲げる事由によって解散した場合（前条第1項の規定により解散したものとみなされた場合を含む。）には、次章の規定による清算が結了するまで（同項の規定により解散したものとみなされた場合にあっては、解散したものとみなされた後3年以内に限る。）、株主総会の決議によって、株式会社を継続することができる。

32　旧和議法・旧破産法の規定による場合の貸倒損失

　民事再生法が平成12年4月1日に施行したことに伴い、和議法が廃止されましたが、それまでの規定による和議事件については、従前どおりの取扱いがされます（平成12年11月20日付課法2-19）。

平成12年11月20日付課法2-19「法人税基本通達等の一部改正について（法令解釈通達）」
第1　法人税基本通達関係　二十二　経過的取扱い
（経過的取扱い(1)…改正通達の適用時期）
　この法令解釈通達による改正後の法令解釈通達の適用に関し、次に掲げる事項については、それぞれ次による。
(1)　この法令解釈通達による改正後の9-1-5の(2)、9-1-16の(2)及び9-6-1の(1)(2)の取扱いは、平成12年4月1日以後にされる

> 民事再生法の規定による再生手続開始の申立てに係る再生事件に
> ついて適用し、同日前にされた同法附則第2条《和議法及び特別
> 和議法の廃止》の規定による廃止前の和議法の規定による和議開
> 始の申立てに係る和議事件については、なお従前の例による。

　また、破産法についても平成17年1月1日に新法が施行されています
が、それ以前の破産法の規定による強制和議についても同様に従前どお
りの取扱いがされます（平成16年12月20日付課法2-14他）。

> **平成16年12月20日付課法2-14、課審5-33「法人税基本通達等の一**
> **部改正について（法令解釈通達）」**
> **第1　法人税基本通達関係　十八　経過的取扱い**
> **（経過的取扱い・・・改正通達の適用時期）**
> 　この法令解釈通達による改正後の法令解釈通達の適用に関し、次
> に掲げる事項については、それぞれ次による。
> (2)　この法令解釈通達による改正後の9-1-9の(1)のロ、9-6-1
> の(2)及び9-7-12の(注)の取扱いは、平成17年1月1日以後にされ
> る破産法（平成16年法律第75号）の規定による破産手続開始の申
> 立て又は職権でされる破産手続開始の決定に係る破産事件につい
> て適用し、同日前にされた同法附則第2条《旧法の廃止》の規定
> による廃止前の破産法の規定による破産の申立て又は職権でされ
> た破産の宣告に係る破産事件については、なお従前の例による。

3 法人税基本通達9-6-2 (回収不能金銭債権の貸倒れ (事実上の貸倒れ)) について

法人税基本通達

9-6-2 法人の有する金銭債権につき、その債務者の資産状況、支払能力等からみてその全額が回収できないことが明らかになった場合には、その明らかになった事業年度において貸倒れとして損金経理をすることができる。この場合において、当該金銭債権について担保物があるときは、その担保物を処分した後でなければ貸倒れとして損金経理をすることはできないものとする。

(注) 保証債務は、現実にこれを履行した後でなければ貸倒れの対象にすることはできないことに留意する。

本通達の要点

33 債務者の資産状況、支払能力等からみてその全額が回収できないことが明らかになった場合

「債務者の資産状況、支払能力等からみてその全額が回収できないことが明らかになった場合」については、具体的な例示はされていないことから、個々の事例に応じ、総合的に判断することになると考えられますが、例えば、破産、強制執行、死亡、行方不明、債務超過、天災事故、

経済事情の急変等の事実が発生したため回収の見込みがない場合のほか、債務者についてこれらの事実が生じていない場合であっても、その資産状況等のいかんによっては、これに該当するものとして取り扱う等の弾力的な取扱いが行われることとされています（松尾公二編著「法人税基本通達逐条解説（十一訂版）」1106頁（税務研究会出版局 令和5年））。

〈参考判決〉

昭和33年7月31日大阪地裁

　原告は、原告が右債権を放棄したのは、右訴外会社が現実に破産状態にあり、とうてい回収し得ないものであったからであり、これを贈与と解して原告の利益に算入した西税務署長の更正決定を是認した被告の前記審査決定は、法人税法の解釈を誤ったものであって、違法である。と抗争する。

　思うに、法人税は、法人のその事業年度における総益金から総損金を控除した所得について課せられるものであり、総損金とは法令に別段の定のある場合を除き、資本の払戻または利益の処分以外において純資産減少の原因となるべき一切の事実をいうものであるところ、法人が何らかの理由で債権の全部又は一部を放棄した場合において、そのすべての場合に、その放棄した債権の部分を法人税法上損金として算入することを許されるとするならば、法人は国庫の損失において自由に自己の利益を処分して、それに対する税を免れ得る結果となり、このようなことは法人税法上とうてい認容できないところであり、右債権が回収不能である場合即ち債権が無価値に帰した場合にのみその債権の放棄を損金として算入し得るものと解すべく、債権が回収不可能であるかどうかは、単に債務高が債務超

過の状態にあるかどうかによって決すべきものではなく、たとえ債務超過の状態にあるとしてもなお、支払能力があるかどうかによって決定すべきものであり、法人である債務者において、債務超過の状態が相当の期間継続し他から融資を受ける見込もなく、とうてい再起の見通しがなく、事業を閉鎖あるいは廃止して休業するに至ったとか、会社整理破産、和議、強制執行、会社更生などの手続を採ってみたが債権の支払を受け得られなかったなど、債権の回収ができないことが客観的に確認できる場合であってはじめて回収不能と判定すべきである。右のような実情でない場合に法人が任意に債権を放棄したとしても、それは損金として取扱うべきでないというべきである。

昭和57年2月24日広島高裁

(4)　しかして、前記争いのない事実及び右認定の各事実によれば、次のとおり判断すべきである。

1　債務者所有の担保物件の競売手続は、昭和49年末までには未だ完了するに至っておらず、したがって同年末の段階では、右担保物件の競売代金も、また右競売代金から配当を受け得る被担保債権の金額も最終的に明らかになっていなかったけれども、本件各係争年度において、担保物件を処分することによって得られると見込まれる該物件の価額が被担保債権の総額をはるかに下まわっていることが明らかであり、その競売手続の終了をまつまでもなく、客観的に見て一般債権の弁済に充てられる剰余金の生ずる余地が全くなかったものといわざるを得ない。従って、当時債務者に対する一般債権の引当てとなるべき資産は皆無ということになる。

2　また、債務者は倒産後、事業再開の目途はなく、働いても家族の生計を支える収入さえ得ることができない困窮状態が続いていたものである。

3　右のような債務者の負債、資産状況及び収入、生活状況等から客観的にみて、本件各係争年度において、債務者に対する一般債権の回収は事実上不能であり、右債権は無価値に等しいものといわざるを得ない。

(5)　そうすると、控訴人の債務者に対する無担保債権の総額760万円のうち、410万円は昭和48年中に、350万円は昭和49年中に弁済期が到来したので、控訴人には右各年中にそれぞれの回収不能金額相当の貸倒損失が発生し、これは控訴人の事業の遂行上生じた貸金の貸倒れであるから、事業所得金額の計算上、必要経費に算入されるべきものである。

昭和57年3月31日甲府地裁

3　損金（確定申告計上もれ分）

(3)　手形不渡による貸倒れ損失

　　損金として計上すべき債権の回収不能による貸倒れについては、債務者の資産状況その他の状況からみて、支払能力がなく、債権の回収不能が明らかになった場合、すなわち、一般には破産、和議、強制執行等の手続を経たが、債権全額の回収ができなかった場合、あるいは、債務者において事業閉鎖、死亡、行方不明、刑の執行等により、債務超過の状態が相当の期間継続しながら、他からの融資を受ける見込みもなく、事業の再興が望めない場合のほか、これに準じ、債務者の負債及び資産状況、

事業の性質、事業上の経営手腕及び信用、債権者による債権回収の努力及びその方法、それに対する債務者の態度を総合考慮したとき、事実上当該債権の回収ができないことが明らかに認められるような場合であって、法人がこれにつき債権の放棄、債務免除をするなどして、取立の意思をなくし損金経理をしたときの事業年度において損金に算入することが認められると解すべきこと、法人税法22条3、4項の趣旨に照らし相当である。

平成5年4月28日横浜地裁

5 ……（省略）……

また、同通達9-6-2にいう債務者の資産状況の判断にあたっても、計算書類の数額はひとつの判断資料になるが、それが決定的な意味を持つものではないと解され、同規定の支払能力を判断するについても、その財産のみならず、信用や労力を考慮すべきである。

したがって、特定時点の計算書類上の数額から直ちに右各通達への該当性が決せられるわけではなく、右(2)ないし(4)においてみたような緑建〔編注：債務者〕の貸借対照表の数額の当否に関する問題が直ちに本件の結論を左右するわけではない。

平成15年10月15日大阪地裁

1 争点(1)（本件債権放棄が貸倒損失に該当するか否か）について

(1) ……（省略）…… 基本通達9-6-2に適合するか否かを検討するにあたっても、上記①債務超過状態継続の要件と、②の回収不能の要件は検討すべきものと解されることから（①の債務超過

状態継続の要件は、基本通達9-6-2の規定文言上明らかになっているものではないが、回収不能と認められるか否か（②の回収不能の要件）を検討する前提として、当該債務者が相当期間債務超過状態にあったか否かは重要な要素となるものと解される。）、以下では、本件債権放棄がこれら両要件を充足するか否かについて検討する。

日本興業銀行事件

平成16年12月24日最高裁

4　しかしながら、原審の上記判断は是認することができない。その理由は、次のとおりである。

(1)　法人の各事業年度の所得の金額の計算において、金銭債権の貸倒損失を法人税法22条3項3号にいう「当該事業年度の損失の額」として当該事業年度の損金の額に算入するためには、当該金銭債権の全額が回収不能であることを要すると解される。そして、その全額が回収不能であることは客観的に明らかでなければならないが、そのことは、債務者の資産状況、支払能力等の債務者側の事情のみならず、債権回収に必要な労力、債権額と取立費用との比較衡量、債権回収を強行することによって生ずる他の債権者とのあつれきなどによる経営的損失等といった債権者側の事情、経済的環境等も踏まえ、社会通念に従って総合的に判断されるべきものである。

平成17年10月28日秋田地裁

2　争点2（本件債権の貸倒損失を損金計上すべき事業年度の認定

時期）について

(4) 本件債権の全額回収不能を理由とする貸倒れの時期について

ア　原告は、乙が死亡し、その相続人も不存在であった時点の属する事業年度（本件事業年度）をもって、本件債権の全額が、法人税法22条3項3号の「当該事業年度の損失の額」に算入することのできる額に該当すると主張する。

　　ところで、前記規定にいう「当該事業年度の損失の額」とは、当該事業年度において、その全額が回収不能であることが客観的に明らかとなったものに限られると解すべきである。そして、この回収不能とは、当該債権が消滅した場合のみならず、債務者の資産状況、支払能力等から当該債権の回収が事実上不可能であることが明らかになった場合も含むものであり、それゆえ、当該債権の回収が事実上不可能であることが明らかになった場合には、その事業年度において直ちに損金算入を行うべきであって、これに代えて、その後の事業年度において損金算入をし、もって利益操作に利用するような処理は、公正妥当な会計処理の見地からも許されないと解すべきである。

　　本件通達9-6-2は、「法人の有する金銭債権につき、その債務者の資産状況、支払能力等からみてその全額が回収できないことが明らかとなった場合には、その明らかになった事業年度において貸倒れとして損金経理をすることができる。この場合において、当該金銭債権について担保物があるときは、その担保物を処分した後でなければ貸倒れとして損金経理をすることはできないものとする。」と定めているところ、これも、同じ趣旨に出たものとして是認することができる。

　　そして、「その債務者の資産状況、支払能力等からみてその全額が回収できないことが明らかになった場合」に該当するか否かの判断に当たっては、債務者の財産及び営業の状態、債務超過の状況、その売上高の推移、債務者の融資や返済等の取引状況、債権者と債務者の関係、債権者による回収の努力やその手段、債務者の態度等の客観的事情に加え、これらに対する債権者の認識内容や経営的判断等の主観的事情も踏まえ、社会通念に従って総合的に判断されるべきである。

平成2年11月30日名古屋地裁

2　貸倒損失について

(1)　所得税法51条2項は、事業所得を生ずべき事業について、その事業の遂行上生じた貸付金債権等の貸倒れにより生じた損失の金額は、その損失の生じた日の属する年分の事業所得の金額の計算上必要経費に算入する旨を規定しているが、右の規定により貸倒損失として必要経費に計上できるのは、原則として、債務者に対し債務免除の意思表示をしたときなど債権が法律上消滅した場合（ただし、債務者に対する実質的な贈与と認められるものであるときは、その債権の消滅は貸倒れには当たらないので、右の債務免除の意思表示は、債務者の債務超過の状態が相当期間継続してその貸金等の弁済を受けることが困難であると認められる状況で行われたものでなければならない。）又はその債務者の資産状況、支払能力等からみて貸付金等の金額が回収できないことが明らかになつたときなど法律上債権は存在するがその回収が事実上不可能である場合のいずれかに該当することが必要であるというべき

である。

　なお、右の後者の場合に当たるというためには、前者の場合との均衡、課税金額計算の明確性の要請等に照らし、当該年中に弁済期が到来している債権につき、債務者の倒産、失踪等の事情が生じ、貸付金の回収の見込みがないことが客観的に確実になつたことを要すると解すべきである。

　したがつて、たとえ手形貸付をした場合に当該手形が不渡りとなつたとしても、そのことのみによつて当然に貸付金回収の見込みがないことが客観的に確実になつたということはできないというべきであり、客観的に右回収の見込みのないことが確定したときに、初めて貸倒損失として必要経費への算入が認められることになる。

〈参考裁決〉

平成16年３月17日裁決（非公開）
(1)　本件各更正処分
　ロ　(ハ)　貸倒損失について
Ａ　(A)……（省略）……
　そして、基本通達９－６－２が定める趣旨は、当該金銭債権が法的には依然として存在するにもかかわらず、事実上回収不能であることを理由として帳簿上これを貸倒処理することができるのは、金銭債権の全額が回収不能である場合に限られるとするものである。
　また、この取扱いを適用する場合の「債務者の資産状況、支払能力等からみて金銭債権の全額が回収できないことが明らかになつ

> た」かどうかの事実認定については、例えば、債務者の破産、強制
> 和議、強制執行、整理、死亡、行方不明、債務超過、天災事故、経
> 済事情の急変等の事実が発生したため回収の見込みがない等の場合
> をいい、回収不能が明らかになった事業年度において貸倒処理をす
> べきものであると解されることから、当審判所においても、これら
> の趣旨から考えると、基本通達9‐6‐2が定める損金経理の要件は、
> 合理的なものであると認められる。

34　回収不能事由の例示

　回収不能と認められる事由としては、旧法人税基本通達（昭和25年9
月25日付直法1‐100）116や昭和39年改正通達（昭和39年6月1日付直
審（法）89）78の3が参考になると考えられます。

　ただし、これら例示された事実に該当することのみをもって貸倒処理
することはできないと考えられます。

〈参考通達〉

旧法人税基本通達
（貸金が回収不能と認められる場合）
116
　貸金が回収不能かどうかは、当該貸金の債務者の支払能力等の実
情により判定すべきであるが、概ね左の各号に該当する場合におい
ては、当該貸金は回収不能と認める。
(1)　債務者が破産、和議、強制執行又は整理の手続に入り、あるい

は解散又は事業閉鎖を行うに到ったため、又はこれに準ずる場合で回収の見込のない場合。

(2)　債務者の死亡、失踪、行方不明、刑の執行その他これに準ずる事情により回収の見込のなきに到った場合。

(3)　債務超過の状態が相当の期間継続し、事業再起の見通しなきため回収の見込のない場合。

(4)　天災事故その他経済事情の急変のため回収の見込のなきに到った場合。

(5)　債務者の資力喪失等のため債権の放棄又は免除を行った場合。

(6)　前各号に準ずる事情があり債権回収の見込のない場合。

昭和39年改正通達
（貸金等の全額貸倒れの事例）
78の3

　法人が、各事業年度においてその有する貸金等について、その債務者につき次に掲げる事実があるため、当該債務者に対して有する貸金等の全額について貸倒れとなったものとして損金に経理した場合には、これを認めるものとする。

(1)　債務者が破産、和議、強制執行または整理の手続に入り、あるいは解散または事業閉鎖を行うにいたったため、またはこれに準ずる場合で回収の見込みがない場合。

(2)　債務者の死亡、失踪、行方不明、刑の執行その他これに準ずる事情により回収の見込みがない場合。

(3)　債務者について、債務超過の状態が相当期間継続し、事業再起の見通しがないため回収の見込みがない場合。

⑷　債務者について、天災事故その他経済事情の急変等があったた
め回収の見込みがない場合。

⑸　前各号に準ずる事情があり回収の見込のない場合。

　なお、上記通達116は、昭和39年改正通達で廃止され、78の３につい
ては、その適用が厳格すぎる旨の批判（税法と企業会計との調整に関す
る意見書（昭和41年10月17日））があり、昭和42年の改正において、不
況対策の一環として、事実の例示をしないで個々の事案に即した弾力化
が図られ、現法人税基本通達９－６－２とほぼ同じ内容に改正された経緯
（昭和43年２月15日国税速報、第2082号）があることに留意は必要です。

〈参考資料〉

税法と企業会計との調整に関する意見書（昭和41年10月17日大蔵省企業会計審議会報告）各論四

２　貸倒れの認定

　税法においては、貸倒れの事実の認定について一定の基準を設け
て規制している。すなわち、企業が債務の免除を行った場合又は債
務者について破産、和議、強制執行、整理、死亡、行方不明、債務
超過、天災事故、経済事情の急変等の事実が発生したため、回収の
見込みが無くなった場合において貸倒処理をすることを認めている。

　このような基準は、債務者の支払能力の実情に即して債権の回収
可能性を判断すべきことを明らかにした事実認定基準として、一般
的には妥当するが、個々の債権についての回収不能を認定するに当
たっては、この基準の適用は多くの場合厳格すぎるきらいがあり、
税務官庁と企業との間にこれを巡っての争いが絶えない。貸倒れに

関するこのような税務上の認定は、企業の貸倒れの実態に必ずしも即応していないので、企業の合理的な判断による貸倒処理の余地を認めることとすることが望ましい。

〈参考判決〉

昭和49年9月24日東京地裁

　一般法人の会計処理上貸倒損金計上を認めうる基準は、公正妥当な会計処理の基準に従い、債権者が債権回収のため真摯な努力を払ったにもかかわらず、客観的にみて回収見込みのないことが確実となったことを要し、単なる債務者の所在不明、事業閉鎖、刑の執行等の外的事実の存在のみではこれを直ちに貸倒れと認めることはできないものというべきである。

35 貸倒損失の計上時期（その1）

　貸倒損失の計上時期については、「明らかになった事業年度において貸倒れとして損金経理をすることができる」とされており、金銭債権の全額が回収できないことが明らかになった事業年度に貸倒れとして損金経理しなければ、翌期以降、貸倒れとして損金経理することは認められなくなると解されています（森文人「租税研究」2011年9月、231頁「貸倒損失の計上時期」参照）。

　なお、従前より回収の努力を行ってきたものの、当期になって回収不能が明らかになったというような事情がある場合には、当期において貸

倒れとして処理することが認められることになると考えられます。

〈参考判決〉

昭和59年11月30日福井地裁
4　■■■■に対する貸倒損失について
　ところで、本件のように債権が法律的に消滅しない場合に、これを貸倒れとみるためには、その回収が客観的に不能と認められる状況の存することが要求されるものと解するのが相当であり、回収不能が客観的に明らかとなつた場合には、その明らかとなった時点の事業年度において、貸倒れとして損金の扱いをなしうるものというべきである。

平成17年10月28日秋田地裁
(4)　本件債権の全額回収不能を理由とする貸倒れの時期について
ア　原告は、乙が死亡し、その相続人も不存在であった時点の属する事業年度（本件事業年度）をもって、本件債権の全額が、法人税法22条3項3号の「当該事業年度の損失の額」に算入することのできる額に該当すると主張する。
　ところで、前記規定にいう「当該事業年度の損失の額」とは、当該事業年度において、その全額が回収不能であることが客観的に明らかとなったものに限られると解すべきである。そして、この回収不能とは、当該債権が消滅した場合のみならず、債務者の資産状況、支払能力等から当該債権の回収が事実上不可能であることが明らかになった場合も含むものであり、それゆえ、当該債権の回収が事実上不可能であることが明らかになった場合には、

その事業年度において直ちに損金算入を行うべきであって、これに代えて、その後の事業年度において損金算入をし、もって利益操作に利用するような処理は、公正妥当な会計処理の見地からも許されないと解すべきである。

　本件通達9-6-2は、「法人の有する金銭債権につき、その債務者の資産状況、支払能力等からみてその全額が回収できないことが明らかとなった場合には、その明らかになった事業年度において貸倒れとして損金経理をすることができる。この場合において、当該金銭債権について担保物があるときは、その担保物を処分した後でなければ貸倒れとして損金経理をすることはできないものとする。」と定めているところ、これも、同じ趣旨に出たものとして是認することができる。

36　貸倒損失の計上時期（その2）

　貸倒損失の計上が否認されるものとしては、貸倒損失の計上が早すぎる（貸倒れの事由は未だ生じていない）というものが多いものの、中には貸倒損失の計上が遅すぎる（貸倒れの事由は過去の事業年度で既に生じた）と判断されたものもあります。

　貸倒損失を計上すべき時期に計上することを失念していた場合は、後日更正の請求等によることになりますが、状況によっては直ちに還付されず、仮装経理の場合と同じような手続が必要となることもあるようです。

〈参考判決〉

平成 2 年11月16日静岡地裁（所得税事件）

(5)　貸倒金及び債権償却特別勘定繰戻金について

(1)　原告は、株式会社Ａから建物建築の注文を受けてその工事を行い、その代金支払のために同社振出の被告の主張に対する反論 3 、4 記載の約束手形 4 通・小切手 8 通（額面合計 6,440,000円）を所持していたが、株式会社Ａが昭和51年11月30日ころ不渡りを出して倒産し、右各約束手形及び小切手は、昭和51年11月30日から翌52年 2 月28日までの間にすべて不渡りとなり、未決済のまま原告の手元に残ったこと、株式会社Ａの代表取締役は、昭和51年11月30日ころ所在不明となり、債権者集会も開かれず、残っていた従業員も昭和52年に退職したため、そのころ株式会社Ａの事業が閉鎖されたことについては、当事者間に争いがない。

(2)　そして、〔証拠略〕によると、株式会社Ａの事実上の倒産の際、同社には資産はなく、債権者集会の開催の通知はあったものの、資産がないため、債権者会議の開催が中止されたこと、そして、昭和51年11月28日、原告は、株式会社Ａの沼津支店長及びその注文者との間で、原告が株式会社Ａから下請けして完成した建物の建築残代金については、原告が注文者から直接支払を受ける旨の合意が成立し、その旨記載した念書が作成されたこと、原告自身も、当時、株式会社Ａには資産がないこと、同社の代表取締役が会社倒産後行方不明となったこと、債権者会議も開かれない状態であったことを十分知悉していたこと、が認められ、右認定に反する証拠はない。

(3) ところで、事業所得の金額計算上、いわゆる貸倒金として、特別経費に算入することができるためには、債権につき、債務者の資産状況、支払能力等からみて、当該年度に事実上回収不能であることが明らかになったことが必要であるところ、その必要経費算入の時期「その損失の生じた日の属する年」を特定している趣旨は、納税者の恣意によって各年度の所得多寡を操作して税の負担を脱れあるいは軽減しようとすることを極力排除することにあると解されるから、その判断は納税者たる原告が適宜決しうるものと解すべきでなく、客観的に、事実上回収不能であることが明白となった日の属する年度においてのみ、必要経費として算入することが許されるものと解するのが相当である。

しかるところ、株式会社Aが事実上倒産したのは、前記のように昭和51年度であって、翌52年には、従業員も退職して同会社の事業が閉鎖され、原告としても、その所持する同社振出の手形や小切手について、昭和52年以降具体的に回収の手立を講じたことは証拠上認められないから、結局、右手形や小切手が事実上回収不能となったのは、遅くとも昭和52年度であるというべく、したがって、原告は、これを昭和55年度の貸倒金として特別経費に算入したり、債権償却特別勘定繰戻金として処理することはできないものと解さざるを得ない。

平成23年3月24日大阪地裁

5 争点(4)(1)総論

…ある事業年度において貸倒損失等の損金の額への算入が可能であることが客観的に明らかになっている場合には、当該事業年度の

損金の額に算入すべきものであって、それより後の事業年度の損金の額に算入することは、各事業年度ごとに発生した益金の額から損金の額を控除して算定された所得の金額を法人税の課税標準としていることに照らし、認められないというべきである。

〈参考裁決〉

平成15年2月19日裁決（裁決事例集№65）

ハ　本件金銭債権に係る貸倒れの存否等

　　上記イの事実を上記ロに照らして、本件金銭債権に係る貸倒れの存否及びその損金算入時期について判断すると、次のとおりである。

(ハ)　本件丙債権について

　　……（省略）……請求人は、昭和62年損害賠償請求事件における請求原因として、Ｋが昭和59年11月当時、多額の焦げ付きを発生させ、支払不能の状態となっていた旨及び同人は昭和62年7月17日現在において自己破産申立て中であり、同人から貸付残金の回収見込みがない旨、それぞれ主張していたこと、さらに、〔3〕上記イの(ホ)のＢのとおり、Ｋは昭和61年5月○日に自己破産を申立て、その手続が昭和63年10月○日に終局となり、同年11月○日に完結されていることが認められる。

　　そうすると、本件丙債権については、遅くとも、Ｋに係る破産手続が完結した日の属する平成元年3月期において貸倒れが発生していたものであり、平成10年3月期においては、当該債権に係る貸倒れの事実が発生していないこととなる。

したがって、本件丙債権は、貸倒損失として平成10年3月期の
損金の額に算入することはできない。

平成20年6月26日裁決（裁決事例集№75）

(2)　貸倒損失が発生した日

ロ　……（省略）……

　　しかしながら、上記イのとおり、法人の破産手続においては、
自然人の破産手続とは異なり、配当されなかった部分の破産債権
を法的に消滅させる免責手続はないが、裁判所が破産法人の財産
がないことを公証の上、出すところの廃止決定又は終結決定がな
された時点で当該破産法人は消滅することとなり、当該破産法人
が消滅することにより、法人が破産法人に対して有する金銭債権
も滅失することとなる。したがって、Ｆ社の破産手続終結の決定
がされた時点において貸倒損失が発生したとするのが相当である。

ハ　請求人は、Ｆ社が破産申立てを行った当時は請求人の経営状態
から本件売掛債権の回収を放棄することはできず、最後配当を受
領した以後も本件売掛債権の回収を図ろうとし、平成18年9月に
至って、Ｆ社の代表取締役であったＧが所在不明で本件売掛債
権の回収は困難であると判断し、平成18年9月15日に取締役会を
開催し、本件売掛債権は全額回収不能であると認識したことから、
同日をもって本件売掛債権の全額が回収できないことが明らかに
なったと認めるのが相当である旨主張する。

　　しかしながら、請求人は、上記(1)のロのとおり、債権者集会が
開催され法人の破産手続が終結した日（平成11年6月○日）以後、
何らＧに対して法的な回収手続を講じていないことからすれば、

> G個人が請求人が有するF社に対する売掛債権の法的な弁済義
> 務を負っていたとは認められず、また、本件売掛債権は、上記ロ
> のとおり、当該破産手続終結の決定があった日に滅失したと認め
> られるから、仮に請求人が本件破産事件の終結以後もF社の破
> 産について疑念を持ち、G個人から同債権を回収しようとする意
> 思が存在していたとしても、個人保証等により法的にG個人が
> 弁済義務を負わない以上、当該売掛債権は、F社が消滅した時点
> で滅失するのであるから、この点に関する請求人の主張には理由
> がない。

37 損金経理要件

　法人税基本通達9－6－2では、「貸倒れとして損金経理をすることが
できる」と定めており、損金経理が要件とみるべきか否かという問題が
あります。一部の解説書には、損金経理が要件であるという記述も見受
けられます。

　仮に、損金経理が要件とすると、会計上、貸倒損失として計上したも
のの未だ回収不能とはいえないため自己否認していた金銭債権について、
その後に回収不能となった場合に貸倒損失として損金算入するためには、
申告調整だけでは適用要件を満たさないのではないかという疑問が生じ
ます。

　なお、資産の評価損については、自己否認していた評価損を事後に評
価損の計上事由が生じたために損金算入する場合には、申告調整のみで
足りることが明らかにされています（法基通9－1－2）。

この点に関して、中央大学名誉教授大淵博義氏は「損金経理によって初めて損金の額に計上できるというのが課税当局や一般の実務家の解釈のように思われる。しかし、債権の経済的無価値化による貸倒損失の損金控除性が損金経理を絶対的要件としていないことは、『法基通9－6－2が損金経理することができる。』とし、『損金経理をした場合に限り損金の額に算入する。』とされていないことからも明らかである。」（『法人税法解釈の検証と実践的展開 第Ⅰ巻〔改訂増補版〕』349頁（税務経理協会、平成25年））と述べられ、税理士藤曲武美氏も「金銭債権の経済的価値の消滅、無価値化の場合の貸倒処理を定めた法人税基本通達9－6－2は、『明らかになった事業年度において貸倒れとして損金経理をすることができる』としている。この定めを損金経理要件のように捉える考え方もあるようだが、通達は『損金経理をすることができる』としているにすぎない。すなわち、損金経理をしなかった場合については、損金算入を認めないとまで定めているとは考えがたい。そもそも通達で損金経理要件を付すことはできないと考えるべきである。」（「裁判例にみる法人税の基礎（第17回）」税務弘報60巻5号153頁（2012年））と述べられている。

　国税当局も、「回収不能債権の帳簿貸倒処理の時期であるが、回収不能が明確になった限りにおいては、直ちに貸倒処理を行うというのが会社法ないしは企業会計上の考え方であり（会社計算規則5④）、いやしくもこれを利益操作に利用するようなことは公正妥当な会計処理とは認められないというべきである」と解説しています（松尾公二編著「法人税基本通達逐条解説（十一訂版）」1107頁（税務研究会出版局 令和5年））。

　この点に関する実務対応として法人税基本通達9－1－2のような取扱

いがない以上、一旦簿外となっている金銭債権を前期損益修正益等として受け入れた後に、その金銭債権を貸倒損失として損金経理するという方法が示されています（成松洋一著『Q&A 法人税の身近な論点を巡る実務事例集』18頁（大蔵財務協会、平成31年））。

〈参考通達〉

> **法人税基本通達**
> 　**（評価損否認金等のある資産について評価損を計上した場合の処理）**
> 9-1-2　法人が評価損否認金又は償却超過額のある資産につき令第68条第1項《資産の評価損の計上ができる事実》に規定する事実が生じたため当該評価損否認金又は償却超過額の全部又は一部を申告調整により損金の額に算入した場合には、その損金の額に算入した金額は、評価損として損金経理をしたものとして取り扱う。

〈参考資料〉

> **改正法人税基本通達等の逐条解説（昭和55年12月25日直法2-15）**
> **（国税庁法人税課長他「税務弘報別冊」昭和56年）**
> 　従来、この場合の回収不能債権の帳簿貸倒れ処理については、回収不能の状態にある限り、いつでも自由にこれを行い得るのではないかという考え方があったようである。
> 　しかしながら、回収不能が明確になった限りにおいては、直ちに貸倒処理を行うというのが商法ないしは企業会計上の考え方であり

（商法285ノ4②）、いやしくもこれを利益操作の具に利用するようなことは公正妥当な会計処理とは認められないというべきであろう。

　そこで、本通達においても、この場合の貸倒れ処理は、「回収できないことが明らかになった事業年度において」行うべきものであることが合わせて明らかにされた。

〈参考判決〉

平成1年7月24日東京地裁

　法人がその有する貸金、売掛金等の債権を回収不能であるとし、貸倒れとして損金とすることが税務上許容されるためには、債務者の資産状況、支払能力等から当該債権の回収が不可能であることが、当該事業年度において明らかとなつたことを必要とし、また、右の債務者の資産状況、支払能力等から当該債権の回収が不可能であることが明らかになつたこととは、債務者に対して強制執行を行い、若しくは債務者について破産手続がされたが債権を回収することができなかつた場合、あるいは、債務者に対する会社更生、和議、整理等の手続において債権の免除があつた場合などのほか、これらの場合に準じ、債権の担保となるべき債務者の資産の状況が著しく悪化している状態が継続していながら、債務者の死亡、所在不明、事業閉鎖等によりその回復が見込めない場合、債務者の資産負債の状況、信用状況及び事業の性質並びに債権者たる法人による債権回収の努力及びこれに対する債務者の対応等を総合して債権の回収ができないことが明らかに認められる場合であつて、かつ、法人が当該債権の放棄、免除をするなどしてその取立てを断念したような場合

などを含むものと解するのを相当とする。

　もつとも、いずれの場合であるにせよ、当該債権が現実に存在することが、その前提として必要であることはいうまでもないが、当該債権の回収ができないことが明らかとなつた事業年度中に貸倒れとして損金経理をしておかなければ、その後になつて、当該債権についてこれを貸倒損失金であるとする主張がし得なくなるものと解すべき実定法上の根拠はない。

〈参考裁決〉

平成16年３月17日裁決（非公開）

(ハ)　**貸倒損失について**

A　……（省略）……

　(A)　……（省略）……

　そして、基本通達９−６−２が定める趣旨は、当該金銭債権が法的には依然として存在するにもかかわらず、事実上回収不能であることを理由として帳簿上これを貸倒処理することができるのは、金銭債権の全額が回収不能である場合に限られるとするものである。

　また、この取扱いを適用する場合の「債務者の資産状況、支払能力等からみて金銭債権の全額が回収できないことが明らかになった」かどうかの事実認定については、例えば、債務者の破産、強制和議、強制執行、整理、死亡、行方不明、債務超過、天災事故、経済事情の急変等の事実が発生したため回収の見込みがない等の場合をいい、回収不能が明らかになった事業年度において貸倒処理をすべきものであると解されることから、当審判所におい

ても、これらの趣旨から考えると、基本通達9-6-2が定める損金経理の要件は、合理的なものであると認められる。

(B) そうすると、請求人は、上記・・・のとおり、①本件各事業年度において、融資会社に支払った代位弁済額を保証預り金の減算としているが、その全額を貸倒損失として経理処理していないから、基本通達9-6-2に定める要件を満たしていないことになる。

平成23年11月10日裁決（非公開）

ロ 法令解釈

(ロ) また、金銭債権については、・・・のとおり、法人税法第33条《資産の評価損の損金不算入》第2項（平成21年法律第13号による改正前のもの。以下同じ。）の規定により、評価損の計上が認められないことから、法律上債権が存在するにも関わらず、事実上回収不能であることを理由として帳簿上これを貸倒れとして処理することができるのは、金銭債権の全額が回収不能である場合でなければならず、そして、法人税法第22条第3項の規定を受けて定められた基本通達9-6-2は、・・・のとおり、法律上債権が存在するにも関わらず債務者の資産状況や支払能力等経済的観念から事実上回収不能であることを理由として貸倒処理ができるのは、①金銭債権の全額が回収できないことが客観的に明らかであり、かつ、②金銭債権の全額が回収できないことが明らかになった事業年度において損金経理した場合に限られるとしており、このことは、金銭債権の貸倒処理は企業の主観的判断によっていつでも自由に行い得るものではなく、金銭債権の全額が回収不能となった事実

> が客観的に認められた場合に行い得るものであると解されており、この取扱いは、法人税法において資産の評価損が原則として損金不算入とされている趣旨及び法人税法第22条第4項に規定する公正妥当な会計処理の基準からみて、当審判所においても相当と認める。

38　担保物処分前の貸倒損失

　法人税基本通達9-6-2では、「金銭債権について担保物があるときは、その担保物を処分した後でなければ貸倒れとして損金経理をすることはできないものとする」として担保物を処分する前の貸倒損失の計上を禁じています。この通達を文字通り適用すれば、担保物を処分していない金銭債権については、いかなる場合も貸倒損失を計上することはできないこととなります。

　しかしながら、下記106頁の「全国銀行協会連合会通達（全銀協通達）」(1)及び下記108頁の「国税当局者の解説」Ａ1では、担保物が処分されていないときであっても、その時価以上に先順位の担保権が設定されている等、その債権者にとって実質的に取り分がないと認められるときは、担保物がないものとして取り扱って差し支えないと回答しており、法人税基本通達9-6-2により処理できることが明らかにされています。

　また、この点について、国税庁ではホームページにおいて次のような質疑応答事例による解説を行っています。

（貸倒損失）

2　担保物がある場合の貸倒れ

【照会要旨】

　A社は、取引先であるB社に対して1千万円の貸付金を有しており、B社所有の土地に抵当権を設定しています。

　この度B社が倒産したため、貸付金の回収可能性を検討したところ、B社には抵当権の対象となっている土地以外には資産が見当たらない上、A社の抵当権順位は第5順位となっており、B社所有の土地が処分されたとしてもその資産価値が低く、A社に対する配当の見込みが全くないことが判明しました。B社所有の土地の処分によってA社に配当される金額がない場合、B社の資産状況、支払能力等からみて、A社が貸付金の全額を回収できないことは明らかです。

　そこで、A社は、B社所有の土地の処分を待たずに、当期においてこの貸付金について貸倒れとして損金経理しようと考えていますが、税務上もこの処理は認められますか。

【回答要旨】

　当該貸付金については、貸倒れとして損金の額に算入されます。

（理由）

1　法人の有する金銭債権につき、その債務者の資産状況、支払能力等からみてその全額が回収できないことが明らかになった場合には、その明らかになった事業年度において貸倒れとして損金経理をすることができることとされています（法人税基本通達9－6-2）。

　　この場合において、その金銭債権について担保物があるときは、

その担保物の処分後の状況によって回収不能かどうかを判断すべきですから、その担保物を処分し、その処分によって受け入れた金額を控除した残額について、その全額が回収できないかどうかを判定することになります。

2　したがって、原則としては、担保物が劣後抵当権であっても、その担保物を処分した後でなければ貸倒処理を行うことはできません。

　ただし、担保物の適正な評価額からみて、その劣後抵当権が名目的なものであり、実質的に全く担保されていないことが明らかである場合には、担保物はないものと取り扱って差し支えありません。

　お尋ねの場合、A社にとって実質的に全く担保されていないことが判明し、B社の資産状況、支払能力等からみて貸付金の全額が回収不能と判断されるとのことですから、担保物を処分する前であっても貸倒れとして処理することができます。

㊟　……（省略）……

〈参考通達〉

昭和39年改正通達（昭和39年6月1日付直審（法）89）

78の7

　債務者に対して有する貸金等が回収できないためその貸金等に設定されている担保物を処分することとなった場合において、当該担保物が特殊な専用機械、農地等であるため容易に処分できないものであるときまたは当該貸金等について設定されている担保が劣後的

であるためその担保物の処分により回収される見込額が僅少である
ときは、当該貸金等の額から当該担保物の価額を控除した金額につ
いて貸倒れとすることができるものとする。

㊟　この取扱いは、当該債務者から貸金等の一部について金銭等の返済
がある間は適用がない。

〈参考判決〉

昭和57年2月24日広島高裁（所得税事件）

⑷　しかして、前記争いのない事実及び右認定の各事実によれば、
次のとおり判断すべきである。

1　債務者所有の担保物件の競売手続は、昭和49年末までには未だ
完了するに至っておらず、したがって同年末の段階では、右担保
物件の競売代金も、また右競売代金から配当を受け得る被担保債
権の金額も最終的に明らかになっていなかったけれども、本件各
係争年度において、担保物件を処分することによって得られると
見込まれる該物件の価額が被担保債権の総額をはるかに下まわっ
ていることが明らかであり、その競売手続の終了をまつまでもな
く、客観的に見て一般債権の弁済に充てられる剰余金の生ずる余
地が全くなかったものといわざるを得ない。従って、当時債務者に
対する一般債権の引当てとなるべき資産は皆無ということになる。

39　保証債務（事前求償権）と貸倒損失

　他人の債務について保証をし、その保証債務を履行した場合には、主債務者に対する求償権を取得します（民法459①）。

　そして、主債務者の状況からみて、求償権の行使ができないと認められるときは、その求償権について貸倒処理をすることとなります。

　このように、あくまで保証債務を履行するまでは求償権という具体的な債権は生じないこととされています（民法459）。

　したがって、保証債務については、これを弁済（履行）するまでは偶発債務にすぎませんので、これについて貸倒処理をすることは認められないこととなります。

　この場合の弁済（履行）とは、保証債務の確定をいうのではなく、現実に支払うことをいいますから、分割支払の場合は、その支払の都度その求償権について貸倒処理の可否を判断することとなります。

〈参考判決〉

> **昭和51年12月15日東京地裁**
>
> １　46事業年度
>
> (2)　……（省略）……
>
> 　これに対し、原告は、債務が弁済期にあるので、民法第460条により主たる債務者に対し求償権の事前行使が可能な状態となり、かつ保証債務の請求が焦眉かつ現実問題となったのであるから、主たる債務者に対する求償債権とし計上処理するのは正当であると主張する。
>
> 　しかしながら、民法第460条により求償権の事前行使が可能であ

ったとしても、元来求償権の事前行使は、保証人が免責行為をする
に必要な費用の前払を受け得るという前払金請求権の性質を有する
ものであって、保証人が現実に出捐しなかったときは主たる債務者
から受領した金額を返還しなければならないのみならず、民法第
461条に規定されているように、主たる債務者はその事前行使に対
し種々の抗弁をなすことができ、無条件に行使し得るものではない
ことからすれば、主たる債務が弁済期にあり、保証人が債権者から
請求されているというだけでは事前求償権はいまだ不確定なものと
いわざるを得ず、会計処理上債権として計上する余地はないという
べきである。

〈参考裁決〉

昭和53年11月27日裁決（裁決事例集No.17）

(2)　上記事実によれば、次のとおり判断される。

　イ　保証人が主たる債務者に対して求償権を取得するのは、保証
　　人が主たる債務者に代って債務を弁済し、その他自己の出捐を
　　もって債務を消滅させる行為（免責行為）をしたときであると
　　解される。

　　　ところで、請求人は保証債務のうち81,900,000円については
　　いまだ履行していないのであるから、これについて主たる債務
　　者に対して求償権を取得する理由はない。

　ロ　民法第460条の規定により求償権の事前行使が可能であると
　　しても、元来求償権の事前行使は、保証人が免責行為をするの
　　に必要な費用の前払を受け得るという前払請求権の性質を有す

るものであって、保証人が現実に出捐しなかったときは、主たる債務者から受領した金額を返還しなければならないのみならず、民法第461条に規定されているように主たる債務者はその事前行使に対し種々の抗弁をすることができ、無条件に行使し得るものではないことからすれば、保証人の事前求償権を、会計処理上債権として計上することは認められないと解するのが相当である。

　このことは、たとえ保証人が債権者との間において、保証債務を履行する旨の裁判上の和解をした本件のような場合においても、その妥当性を失うものではない。

ハ　以上のとおり、いまだ履行していない保証債務81,900,000円については、請求人において求償債権として計上することが会計処理上認められない以上、その貸倒れはあり得ないから、これを損金に算入する余地はないというべきである。

〈参考法令〉

民法

第459条　保証人が主たる債務者の委託を受けて保証をした場合において、過失なく債権者に弁済をすべき旨の裁判の言渡しを受け、又は主たる債務者に代わって弁済をし、その他自己の財産をもって債務を消滅させるべき行為をしたときは、その保証人は、主たる債務者に対して求償権を有する。

40 弾力的取扱い（銀行等）

　法人税基本通達9-6-2については、次の全銀協通達記載の柔軟な対応が図られています。

　この通達は、全国銀行協会連合会（全銀協）が国税当局（国税庁）に照会し、回答を得た内容を傘下の銀行に連絡したものです。

貸倒償却および個別貸倒引当金繰入れの税務上の取扱いについて
（平成11年3月30日付　平11調々第53号　全国銀行協会連合会）

　貸出金等に係る貸倒損失の計上および個別評価による貸倒引当金の繰入限度額計算に関する税務上の取扱いについて、当局宛別紙のとおり照会のところ、差し支えない旨回答を得ましたのでご連絡申しあげます。なお、貸倒損失の計上等にあたっては、この取扱いに限定されず、他の要件も充足する必要がありますので、念のため申し添えます。

(I)　法人税基本通達9-6-2に基づく貸倒れについて

照会内容	疎明資料
(1)　担保物が処分されていない場合であっても、その時価以上に先順位の担保権が設定されている等当該債権者にとって実質的に取り分がないと認められるときは、担保物がないものとして取り扱って差し支えないか。	現況調査書（債務者・保証人の実態調査）、担保物評価書、先順位者の貸出残高調査書等
(2)　破産管財人から配当零の証明がある場合や、その証明が受けられない場合であっても債務者の資産処分が終了し、今後の回収が見込まれないまま破産終結までに相当期間かかるときには、破産	管財人確認記録（進捗状況・今後の見込み等）、現況調査書等

終結決定前であっても配当がないものとして取り扱って差し支えないか。	
⑶　債務者・保証人等について追求しうる財産がない場合で、１年程度その行方を追及しても行方不明のときには、そのときに回収不能が明らかになったものとして取り扱って差し支えないか。	興信所調査書、現況調査書等
⑷　保証人が生活保護を受けている場合（それと同程度の収入しかない場合を含む）で、その資産からの回収が見込まれないときには、当該保証人からの回収がないものとして取り扱って差し支えないか。	現況調査書等

　廃止された不良債権償却証明制度においても、一部同様の取扱いがされていました。

不良債権償却証明制度等実施要領について（平成５年11月29日蔵検第439号）

７．審査基準

⑶　**査定基準の運用**

ロ　保証人の追及について

①　法人税基本通達「９-６-２」の適用に当たって、次に掲げる場合にあっては、回収不能と認定して差し支えない。

　a　保証人が生活保護を受けている場合及びそれと同程度の収入しかない場合

　b　保証人からの年間の回収額及び回収見込額が少額で、利息に満たない場合（元本の５％未満を目安）である場合

８．審理上留意すべき事項

⑺　**その他**

ロ　法人税基本通達「9-6-2」において、担保があるが後順位の
ため実質的に担保処分による回収が全く見込まない場合には、担
保がない場合に準じて貸倒れ処理を認めることとする。

41　弾力的取扱い（一般事業会社）

　上記106頁の「全銀協通達」で明らかにされた取扱いは、銀行等の金
融機関に対するものであっていわゆる一般事業会社については適用され
ないのではないかという疑問もあるようです。

　しかし、全銀協通達の発出後の、次の国税当局者（東京国税局税務相
談官）による解説において、金融機関ということではなく、一般論とし
て同様の質疑応答がされています。このことからも、全銀協通達の内容
は一般事業会社にも適用できると考えられます。

国税速報（平成13年12月17日付第5386号：読者の相談コーナー）
「貸倒損失の計上時期について」
Q　当社は、多額・多数の不良債権を有しております。

　　それらの債権に対して、担保権の設定、債務保証等による債権
　回収の確保を図っていますが、その内容もそれぞれの債務者（貸
　付先）により異なっております。

　　そこで次のような場合、税務上どのような取扱いになるのでし
　ょうか。

①　担保物の適正な評価額から見て、その劣後抵当権が名目的な
　ものであり実質的に全く担保されていない場合、担保物がない

ものとして取り扱って差し支えないでしょうか。

②　破産の終結決定前ですが、その債務者の資産の処分は実質的
に終了しているようですが、破産終結決定がなされるまでには
相当の期間がかかるそうです。

　このような状況下において、今後配当が見込まれない場合に
は、その債権が全額回収不能なものとして取り扱って差し支え
ないでしょうか。

③　債務者、保証人に対して追及する財産がない場合で、１年程
度その者の行方を追ってもその所在が明らかでない（行方不
明）ときには、その時に回収不能が明らかになったものとして
取り扱って差し支えないでしょうか。

④　債務者、保証人が生活保護を受けている場合や、それと同程
度の収入しかない場合で、しかも回収すべき財産もなく債権の
回収が見込まれないときは、その債務者、保証人から回収でき
ないものとして取り扱って差し支えないでしょうか。

（東京都　Ａ社）

Ａ

1　照会事項①について

　担保物がある（担保権を設定している）場合には、貸倒損失の
額が確定できないことから、その担保を処分した後でなければ
「貸倒損失」の計上はできないこととされています（法基通９－６
－２）。

　しかし、担保物の適正な評価額から見て、その劣後抵当権が名
目的なものであり、実質的に全く担保されていない場合が想定さ
れます。

このような場合、担保物が処分されていないときであっても、その時価以上に先順位の担保権が設定されている等、その債権者にとって実質的に取り分がないと認められるときは、担保物がないものとして取り扱って差し支えないものと思われます。

つまり、上記のような状況にある場合には、担保を処分する前においても担保物がないものとして貸倒損失を計上することができるものと思われます。

2　照会事項②について

一般的には、破産の終結決定が行われていない状況の下では、配当の額が確定しないため、その債権の全額が回収不能であるかどうかの判定を行うことは不可能であり、貸倒損失の計上は出来ないこととされています（法基通9-6-2）。

しかし、破産の終結決定前であっても、その債務者の資産の処分は実質的に終了しており、今後配当が見込まれないことが確実と認められる場合には、その債権が全額回収不能なものとして取り扱って差し支えないものと思われます。

この場合には、その回収不可能の状況を明らかにする資料（例えば、①　破産管財人から今後の配当がない旨の証明書、②　①の証明書がとれない場合は、これに代えて内部調査等の資料、破産終結決定しない理由及び今後の見込み等）を保存しておく必要があるのは申すまでもありません。

3　照会事項③について

債務者、保証人に対して追求する資産がなく、かつ、その者の行方を追ってもその所在が明らかでない（行方不明）ときに、その資産からの債権の回収が見込まれないにもかかわらず、その所

在等が確認できるまで貸倒損失の計上を認めないとすることは現実的ではありません。

したがって、債務者、保証人等の所在（行方）を追っても不明であり、その債権額が実質的に回収不能と認められる場合には、貸倒損失の計上が認められるものと思われます。

なお、行方不明かどうかの判定は、どの程度の期間行方を追ったかという「期間」の問題ではなく、その所在等の追求について尽くすべき努力を尽くしてもなお行方が明らかにならなかった場合をいいますので、所在等の追求について尽くすべき努力をした旨を明らかにする資料（例えば、その方法、期間等）を保存しておく必要があるのは申すまでもありません。

4　照会事項④について

債務者、保証人が生活保護を受けている場合やそれと同程度の収入しかない場合で、しかも回収すべき財産もなく債権の回収が見込まれないときは、実質的にその債務者等からの回収は不可能と見込まれますので、貸倒損失の計上が認められるものと思われます。

なお、この場合においてもその状況を明らかにする資料を保存しておく必要があるのは申すまでもありません。

42　破産手続終結前の貸倒損失

破産手続終結前であっても、上記106頁の「全銀協通達」(2)及び上記108頁の「国税当局者の解説」Ａ２では、破産管財人から配当零の証明

がある場合や、その証明が受けられない場合であっても債務者の資産処分が終了し、今後の回収が見込まれないまま破産終結までに相当期間かかるときには、破産終結決定前であっても配当がないものとして取り扱って差し支えないと回答しており、また、平成20年6月26日裁決においても、法人税基本通達9-6-2により処理できることが明らかにされています。

〈参考裁決〉

平成20年6月26日裁決（裁決事例集No.75）
(2) 貸倒損失が発生した日
イ ……（省略）……
　なお、破産の手続の終結前であっても破産管財人から配当金額が零円であることの証明がある場合や、その証明が受けられない場合であっても債務者の資産の処分が終了し、今後の回収が見込まれないまま破産終結までに相当な期間がかかるときは、破産終結決定前であっても配当がないことが明らかな場合は、法人税基本通達9-6-2を適用し、貸倒損失として損金経理を行い、損金の額に算入することも認められる。

43 サラ金債務者に対する貸倒損失

　サラ金債務者について、破産手続開始決定があった場合には、破産者のプラス財産である破産財団をもって破産手続の費用すら支払うことができないのが一般的で破産手続開始決定と同時に破産手続廃止決定（破

産法216①）を受けることが多いことから、破産手続開始決定をもって貸倒処理が認められると考えられます。

〈参考法令〉

破産法

第216条①　裁判所は、破産財団をもって破産手続の費用を支弁するのに不足すると認めるときは、破産手続開始の決定と同時に、破産手続廃止の決定をしなければならない。

〈参考判決〉

昭和62年6月11日大阪高裁

㈢　サラ金債務者について破産申立により破産宣告〔編注〕がなされたときは、既に債務過重で配分すべき財産もなく、破産宣告と同時に破産手続廃止となるが必定と一般的にいえるから、サラ金債務者については破産宣告があったことをもって貸倒れがあると認めるべきであって、検察官の6の理由で貸倒れを否認する部分に関しては、少なくとも破産宣告があった債務者に対する金銭債権については貸倒れを認めるべきであり、……（省略）……

〔編注〕　破産宣告とは旧破産法の用語であり、現行の破産法の破産手続開始決定に相当します。

44　行方不明の場合の貸倒損失

　債務者及び保証人に対して追求する資産がなく、かつ、その者が行方不明のときに、その資産からの債権の回収が見込まれないにもかかわらず、その所在等が確認できるまで貸倒損失の計上を認めないとすることは現実的ではないことから、上記106頁の「全銀協通達」(3)及び上記108頁の「国税当局者の解説」A3では、債務者、保証人等の所在（行方）を追っても不明であり、その債権額が実質的に回収不能と認められる場合には、貸倒損失の計上が認められると回答しており、法人税基本通達9-6-2により処理できることが明らかにされています。

　なお、行方不明かどうかの判定については、「全銀協通達」(3)では「1年程度」を前提とした質問に対して差し支えないと回答しているのに対して、「国税当局者の解説」A3では、「どの程度の期間行方を追ったかという「期間」の問題ではなく、その所在等の追求について尽くすべき努力を尽くしてもなお行方が明らかにならなかった場合をいいます」と回答し、単に期間の問題ではないとされています。

45　人的保証がある場合の貸倒損失

　法人の有する金銭債権等に保証人が存在する場合には、保証人からの回収可能性を検討する必要があります。

　しかしながら、名ばかりの保証人であって支払能力が全くないということであれば、その金銭債権等は全額回収不能と考えられます。

　この点について、上記106頁の「全銀協通達」(4)及び上記108頁の「国税当局者の解説」A4では、保証人が生活保護を受けている場合やそれ

と同程度の収入しかない場合で、しかも回収すべき財産もなく債権の回収が見込まれないときは、実質的にその債務者等からの回収は不可能と見込まれますので、貸倒損失の計上が認められると回答しており、法人税基本通達9-6-2により処理できることが明らかにされています。

　また、この点について、国税庁ではホームページにおいて次のような質疑応答事例による解説を行っています。

（貸倒損失）

3　保証人がいる場合の貸倒れ

【照会要旨】

　A社は、得意先B（個人事業者）に対する売掛債権の回収を図るため、Bと分割返済の契約を締結し、その際、Bの実兄Cを保証人としました。

　その後、この売掛債権は返済されることなく、Bが自己破産してその資産状況、支払能力等からみてその全額が回収不能となったことから、保証人Cからの回収可能性を検討したところ、Cは生活保護と同程度の収入しかない上、その有する資産も生活に欠くことができない程度、すなわち差押禁止財産（破産法34、民事執行法131）程度しか存しないため、保証人Cからの回収も見込めないことが判明しました。

　そこで、A社は、Cに対して保証債務の履行を求めることなく、当期においてこの売掛債権について貸倒れとして損金経理しようと考えていますが、税務上、この処理は認められますか。

【回答要旨】

当該売掛債権については、貸倒れとして損金の額に算入されます。

（理由）

1　法人の有する金銭債権につき、その債務者の資産状況、支払能力等からみてその全額が回収できないことが明らかになった場合には、その明らかになった事業年度において貸倒れとして損金経理をすることができることとされています（法人税基本通達9－6－2）。

　　この場合において、保証人があるときには、保証人からも回収できないときに貸倒処理ができます。

2　お尋ねの場合、保証人Cは生活保護と同程度の収入しかない上、その資産からも回収することができないと見込まれるとのことですので、実質的に保証人からは回収できないものと考えられます。

　　したがって、A社は、Cに対して保証債務の履行を求めていない場合であっても、Cからの回収がないものとして取り扱って、貸倒れとして損金の額に算入することができます。

46　債務者等が生活保護を受けている場合の貸倒損失

　債務者又は保証人に収入や財産がある場合には、それらからの回収後の状況によって回収不能かどうかを判断することになります。しかしながら、債務者等が生活保護を受けてる場合、生活保護法が最低限度の生活を保障等することを目的とし（生活保護法1）、その保護金は差押え禁止財産とされている（同法58）ことから、上記106頁の「全銀協通達」(4)及び上記108頁の「国税当局者の解説」A4では、債務者、保証人が生

活保護を受けてる場合やそれと同程度の収入しかなく、回収できる財産がない場合には、貸倒損失の計上が認められると回答しており、法人税基本通達9−6−2により処理できることが明らかにされています。

〈参考法令〉

> **生活保護法**
>
> **第1条**　この法律は、日本国憲法第25条に規定する理念に基き、国が生活に困窮するすべての国民に対し、その困窮の程度に応じ、必要な保護を行い、その最低限度の生活を保障するとともに、その自立を助長することを目的とする。
>
> **第58条**　被保護者は、既に給与を受けた保護金品及び進学準備給付金又はこれらを受ける権利を差し押さえられることがない。

47　部分貸倒れ

　法人税基本通達9−6−2は、法的には債権は存在するものの、事実上、回収不能である場合の取扱いであり、法人税法が原則金銭債権の評価損を禁止していること（法法33、法基通9−1−3の2）から、「全額が回収できないことが明らかになった場合」に限って、貸倒処理を認めることとしています。

　したがって、その全額が回収不能であることが明らかでない限り、債権の一部について本通達を適用して貸倒処理をすることは認められないと考えられます（森文人「租税研究」2011年9月、230頁「債権の部分貸倒れ」参照）。

〈参考法令〉

> **法人税法**
>
> **（資産の評価損の損金不算入等）**
>
> **第33条①** 内国法人がその有する資産の評価換えをしてその帳簿価額を減額した場合には、その減額した部分の金額は、その内国法人の各事業年度の所得の金額の計算上、損金の額に算入しない。

〈参考通達〉

> **法人税基本通達**
>
> **（評価換えの対象となる資産の範囲）**
>
> **9−1−3の2** 法人の有する金銭債権は、法第33条第2項《資産の評価換えによる評価損の損金算入》の評価換えの対象とならないことに留意する。
>
> (注) 令第68条第1項《資産の評価損の計上ができる事実》に規定する「法的整理の事実」が生じた場合において、法人の有する金銭債権の帳簿価額を損金経理により減額したときは、その減額した金額に相当する金額については、法第52条《貸倒引当金》の貸倒引当金勘定に繰り入れた金額として取り扱う。

48 貸倒引当金と貸倒損失の連携

　貸倒損失の計上に当たって金銭債権の全額が回収不能か否かの判断は、事実認定の問題でありその判断が困難な場合が少なくないこと、更に貸

倒損失と貸倒引当金は同じ事由に対してどちらか一方の計上しか認められないこと等から、事実誤認等により貸倒損失が否認された場合、その否認額に対して追徴課税が行われることになると納税者に過剰な税負担を強いることになってしまいます。

　そこで、そのような課税上の弊害を考慮して、過去に全額回収できないと判断して貸倒損失を計上した金銭債権について回収が可能であったものと認定された場合には、事後的に貸倒引当金の繰入に関する明細書を提出することによりその貸倒損失として計上したものを貸倒引当金（この場合は、法人税法施行令第96条第1項第2号に規定する実質基準による貸倒引当金に該当すると考えられます。）として繰り入れていたものとして取り扱うことができることとされています（法基通11-2-2）。

〈参考法令〉

法人税法

第52条③　前2項の規定は、確定申告書にこれらの規定に規定する貸倒引当金勘定に繰り入れた金額の損金算入に関する明細の記載がある場合に限り、適用する。

　④　税務署長は、前項の記載がない確定申告書の提出があつた場合においても、その記載がなかつたことについてやむを得ない事情があると認めるときは、第1項及び第2項の規定を適用することができる。

〈参考通達〉

法人税基本通達

（貸倒損失の計上と個別評価金銭債権に係る貸倒引当金の繰入れ）

11-2-2　法第52条第１項（貸倒引当金）の規定の適用に当たり、確定申告書に「個別評価金銭債権に係る貸倒引当金の損金算入に関する明細書」が添付されていない場合であっても、それが貸倒損失を計上したことに基因するものであり、かつ、当該確定申告書の提出後に当該明細書が提出されたときは、同条第４項の規定を適用し、当該貸倒損失の額を当該債務者についての個別評価金銭債権に係る貸倒引当金の繰入れに係る損金算入額として取り扱うことができるものとする。

（注）　本文の適用は、同条第１項の規定に基づく個別評価金銭債権に係る貸倒引当金の繰入れに係る損金算入額の認容であることから、同項の規定の適用に関する疎明資料の保存がある場合に限られる。

　この通達に関して、当局者は次のような解説をしています（松尾公二編著「法人税基本通達逐条解説（十一訂版）」1200頁、税務研究会出版局、令和５年）。

イ　貸倒れとすることができる全額回収不能の状況にあるかどうかについては、専ら事実認定の問題であるため、その判断が困難な場合も多い。こうした中で一部回収の見込みがあったという事実誤認等があった場合、貸倒損失の計上が否認されることは当然としても、その債権に係る貸倒引当金の繰入れを全く認めないとすることは、貸倒処理と貸倒引当金の繰入処理が二者択一であることを考慮すれば、納税者にとって酷にすぎる結果となりかねないことになる。

　すなわち、貸倒損失を計上している場合、ある債権について、税務上、貸倒処理が行えないとしても、個別評価金銭債権に係る貸倒引当金の繰入事由が生じているのであれば、通常、個別評価金銭債権に係る貸倒引当金勘定の繰入れが行われたであろうと考えられるからである。このようなケースについては、貸倒損失額を貸倒引当金勘定に繰り入れた金額として取り扱っても課税上の弊害は生じないと考えられる。

49　貸倒損失と寄附金

　法人税基本通達9-6-2は、法律上債権は存在するものの、その回収が事実上不可能である場合に貸倒損失の計上を認めるものであることから、本通達による貸倒損失の計上が認められないからといって、経済的な利益の贈与等を前提とする寄附金とされることはないと考えられます。

〈参考裁決〉

昭和45年7月8日裁決（非公開）
　2　審理したところ
　①　株式会社Cの不渡手形発生後も、請求人は不渡手形の買戻しを行ない、同社の銀行取引が停止されるに至るまで取引を続行していること。
　②　請求人は債権回収のための法的手続を行なっていないこと。また、債権放棄も行なっていないこと。
　③　株式会社Cは、請求人の翌事業年度である昭和44年7月4日

の債権者会議が流会となり再起不能となるまで同社の取引先である株式会社Dへの債務の肩替り、支払手形の切替え等を行ない、再建に奔走していたこと。

④　請求人は回収の意志を有し、株式会社C代表者Yも返済の意志を有し、債務弁済のための努力を行なっていたこと。

等の事実関係から判断して、当事業年度の貸倒れとは認められないので貸倒損失を否認した原処分は相当である。

3　しかしながら、原処分庁がこの貸倒損失を株式会社Cに対する経済的利益の贈与であると判断して寄附金計算を行なったことについては、両社間の取引は通常の商取引であり、貸倒損失に計上したことは請求人が単に回収不能と判断したためであると認められるから、その間に経済的利益の贈与があったとし寄附金計算を行なった原処分は妥当でないと認められる。

4　以上の判断から原処分庁が行なった貸倒損失の寄附金計算を取り消し、貸倒損失の否認に留めるのが相当である。

50　会計上の貸倒処理との関係

回収不能のおそれがあることを理由に会計上貸倒損失を計上したからといって、法人税法上も直ちに貸倒損失の計上が認められるわけではないと考えられます。

〈参考判決〉

昭和44年 5 月24日大阪地裁

2　……（省略）……

　したがって、売掛金、貸付金等の債権の貸倒れ損失については、純資産減少の原因となる事実、つまり債務者が支払能力を喪失した等の事情により当該債権の回収が不能となる事実が確定した場合に、所得の計算上、右事実の確定した日の属する事業年度の損金となるのである。

　原告は、債権についてその回収が不能となる虞れが発生したときは直ちに回収可能金額を算定し、回収不能金額を貸倒れとして処理することが、会計学上の通説であり、このことは商法の規定によっても確認されている旨主張する。ところで、企業会計の役割は、企業の資本および利潤を正確に測定し、これによって企業の財政状態および経営成績を明らかにし、これを企業の構成員および債権者等利害関係人に報告するとともに、経営管理の基礎資料として役だてることにある。このような見地に立って、企業の将来の危険に対してあらかじめ備えるという観点から、企業の財政に不利に影響を及ぼす可能性がある場合には、これに備えて適当に健全な会計処理をしなければならないということが、企業会計原則の1つとして認められているのであるけれども、これを過度に尊重することは、企業の財政状態を過小に表示する結果になるから、企業会計原則の中でも最も重要な原則である真実性の原則に反するものとして排斥しなければならないとされているのである。原告が指摘する商法の規定も、企業会計に関する右のような思想と同一の基盤および会社債権者保護の立場の上に立って制定されたものであるといいうる。しかしながら、<u>法人税の場合には、国家財政上および国民経済上の見地から、法人のいかなる純資産の増加に、担税力の基礎となる所得を</u>

認めるべきかという政策的観点に立って、税務の計算をし、課税の公平を図ろうとするのであるから、純資産減少の原因となるべき事実について、企業会計の場合よりも厳格なある種の制約を加えることは、当然起こりうることである。それ故、企業会計の場合には、債権の貸倒れ処理がある程度是認されていることをもって、貸倒れ損失に関する前示のような旧法人税法の取扱いを論難することはできない。

4　法人税基本通達9-6-3（一定期間取引停止後弁済がない場合等の貸倒れ（売掛債権の貸倒れ特例））について

法人税基本通達

9-6-3　債務者について次に掲げる事実が発生した場合には、その債務者に対して有する売掛債権（売掛金、未収請負金その他これらに準ずる債権をいい、貸付金その他これに準ずる債権を含まない。以下9-6-3において同じ。）について法人が当該売掛債権の額から備忘価額を控除した残額を貸倒れとして損金経理をしたときは、これを認める。

(1)　債務者との取引を停止した時（最後の弁済期又は最後の弁済の時が当該停止をした時以後である場合には、これらのうち最も遅い時）以後1年以上経過した場合（当該売掛債権について担保物のある場合を除く。）

(2)　法人が同一地域の債務者について有する当該売掛債権の総額がその取立てのために要する旅費その他の費用に満たない場合において、当該債務者に対し支払を督促したにもかかわらず弁済がないとき

　㊟　(1)の取引の停止は、継続的な取引を行っていた債務者につきその資産状況、支払能力等が悪化したためその後の取引を停止するに至った場合をいうのであるから、例えば不動産取引のようにたまたま取引を行った債務者に対して有する当該取引に係る売掛債権については、この取扱いの適用はない。

51　債権の範囲（売掛金等を貸付金に変更した場合）

　法人税基本通達 9 - 6 - 3 は、商品の販売、役務の提供等の営業活動によって発生した売掛金、未収請負金等については、他の一般の貸付金その他の金銭消費貸借契約に基づく債権のように、履行が遅滞したからといって直ちに債権確保のための手続を取ることが事実上困難であると考えられること等から、一定の事情がある場合には、法人が売掛債権等につき備忘価額を付して、残額を貸倒れとして損金経理したときに、これを認めようとするものです（松尾公二編著「法人税基本通達逐条解説（十一訂版）」1108頁（税務研究会出版局　令和 5 年））。

　したがって、法人税基本通達 9 - 6 - 1 及び 9 - 6 - 2 と異なり貸付金その他これに準ずる債権は、本通達の対象から除かれています。例えば、売掛金等であったものを債務者との協議により、貸付金に変更した場合には本通達の対象から除かれることになると考えられます。

52　債権の範囲（営業上の紛争が生じている場合）

　法人税基本通達 9 - 6 - 3 は、前述のとおり、債権確保のための手続を取ることが事実上困難なこと等から、一定の形式を満たす場合に貸倒処理を認めようとするものです。

　したがって、営業上の紛争が生じて事実上回収が困難になっている債権についてまで一定の形式を満たす場合に貸倒処理を認める本通達の対

象にはならないと考えられます。

　「代理店契約の破棄を理由に支払拒絶を受けている債権」について、国税庁はホームページの質疑応答事例において、本通達の対象債権ではない旨の解説を行っています。

（貸倒損失）
6　代理店契約の破棄を理由に支払拒絶を受けている債権
【照会要旨】
　仏壇メーカーであるA法人は、従来、B法人を代理店として製品の販売をしていましたが、諸般の事情から一方的にB法人との代理店契約を破棄し、C法人と代理店契約を締結して取引を始めました。

　このため、B法人との間に紛争が生じ、A法人がB法人に対して有していた売掛金についてB法人が支払を拒絶しています。

　そこで、A法人はこの売掛金について法人税基本通達9－6－3《一定期間取引停止後弁済がない場合等の貸倒れ》に準じて貸倒処理をすることができますか。
【回答要旨】
　当該売掛金について法人税基本通達9－6－3により貸倒処理をすることはできません。
（理由）
　法人税基本通達9－6－3は、回収不能の判断について一種の外形基準を適用して簡素化を図ったものですから、照会事案のように当事者間に営業上の紛争が生じ、そのために事実上回収困難になって

いる債権についてまで、これを適用して損金算入を認めるものではありません。

この事例の場合、貸倒処理は認められないとしても、A社にとって業務遂行に関連して他の者に与えた損害を賠償するもの（法基通2-2-13）として損金算入することが認められる余地はあると考えられます。

〈参考通達〉

法人税基本通達

（損害賠償金）

2-2-13　法人が、その業務の遂行に関連して他の者に与えた損害につき賠償をする場合において、当該事業年度終了の日までにその賠償すべき額が確定していないときであっても、同日までにその額として相手方に申し出た金額（相手方に対する申出に代えて第三者に寄託した額を含む。）に相当する金額（保険金等によりされることが明らかな部分の金額を除く。）を当該事業年度の未払金に計上したときは、これを認める。

　㊟　損害賠償金を年金として支払う場合には、その年金の額は、これを支払うべき日の属する事業年度（その事業年度が連結事業年度に該当する場合には、当該連結事業年度）の損金の額に算入する。

53　備忘価額の意義

　法人税基本通達9-6-3は、一定の事実が生じた場合に法人がその債

務者に対して有する売掛債権について当該売掛債権の額から備忘価額を
控除した残額を貸倒れとして損金経理をしたときはこれを認めることと
しています。

　この点に関して、税理士山本守之氏は「備忘価額要件を付したのは、
売掛債権のように大量回帰的に生ずる金銭債権の貸倒れ実態というもの
を踏まえて、執行上いわば便宜的に一定の基準で償却を認めるものであ
るから、この取扱いを受けたもののなかでも現実に回収できる部分があ
る場合が少なくなく、その場合に簿外資産が生ずる恐れがあり、事後の
回収についての不正計算を防止する意味である。」と述べられている
（「税務事例研究」2021年3月）。

　この貸倒処理は、法律上も有効に存在する債権につき、形式的に回収
不能とみて貸倒処理を認めるものであることから、債務免除等が行われ
るまでの間は簿外とならないよう備忘価額を付すことを求めているもの
と考えられます。

　したがって、この備忘価額の金額についても、おのずと定まってくる
ものであり、利益操作のために金額を決めるようなものではないと考え
ます。

　仮に過大な備忘価額を計上した場合には、部分的な貸倒れと認定され
るのではないかと考えます。

　なお、備忘価額について具体的な定めはありませんが、有形固定資産
の償却可能限度額の算定が取得価額から1円を控除した金額とされてい
ること（法令61①二）や圧縮記帳をした場合に帳簿価額が1円未満とな
る場合には帳簿価額として1円以上の金額とされていること（法令93）
が参考になると考えます。

〈参考法令〉

法人税法施行令

（減価償却資産の償却累積額による償却限度額の特例）

第61条　内国法人がその有する次の各号に掲げる減価償却資産につき当該事業年度の前事業年度又は前連結事業年度までの各事業年度又は各連結事業年度においてした償却の額……の累積額……と当該減価償却資産につき当該各号に規定する償却の方法により計算した当該事業年度の償却限度額に相当する金額との合計額が当該各号に掲げる減価償却資産の区分に応じ当該各号に定める金額を超える場合には、当該減価償却資産については、第58条（減価償却資産の償却限度額）及び前条の規定にかかわらず、当該償却限度額に相当する金額からその超える部分の金額を控除した金額をもつて当該事業年度の償却限度額とする。

二　平成19年4月1日以後に取得をされたもの……で、そのよるべき償却の方法として定額法、定率法、生産高比例法、リース期間定額法又は第48条の4第1項に規定する償却の方法を採用しているもの　次に掲げる資産の区分に応じそれぞれ次に定める金額

イ　第13条第1号から第7号まで及び第9号に掲げる減価償却資産（坑道及びハに掲げる減価償却資産を除く。）　その取得価額から1円を控除した金額に相当する金額

（圧縮記帳をした資産の帳簿価額）

第93条　法第42条、第44条から第47条まで、第49条又は第50条（圧縮記帳）の規定の適用を受ける資産については、これらの規定の適用によりその帳簿価額が1円未満となるべき場合においても、

> その帳簿価額として1円以上の金額を付するものとする。

54　備忘価額を付さない貸倒処理

　備忘価額を付さないで売掛債権全額を貸倒処理した場合には、「売掛債権の額から備忘価額を控除した残額を貸倒れとして損金経理をしたときは、これを認める」という法人税基本通達9-6-3に定める要件を満たしていないことから、備忘価額相当額のみではなく貸倒処理をした全額が損金不算入とされることになると考えられます。

55　手形の書換え

　法人税基本通達9-6-3に定める取扱いは、債務者との取引を停止した時以後1年以上を経過したときに、その売掛債権について、備忘価額を付して、その残額を貸倒れとして損金経理したときにこれを認めるものですが、最後の弁済期又は最後の弁済の時が取引の停止した時以後である場合には、これらのうちの最も遅い時以後1年以上経過した場合とされています。

　したがって、取引を停止したとしても、その後手形の書換えに応じた場合には、依然として最後の弁済期が未だ到来していないことになりますので、このような場合には法人税基本通達9-6-3に定める取扱いにより貸倒れとして処理することは認められないことになると考えられます。

56 取引の停止

　債務者に売掛債権が発生した後に、その債務者に新たな別の売掛債権が発生していた場合には、法人税基本通達9-6-3(注)で規定する「最後の取引」が発生したことになり、取引の停止の時期は最後の売掛債権の発生した時になると考えられます。したがって、個々の売掛債権が発生した日以後1年を経過したことをもって貸倒損失の計上が認められることにはならないと考えられます。

〈参考裁決〉

> **平成15年1月16日裁決（非公開）**
> (ロ)　本件貸倒処理について
> C　この場合の取引の停止とは、継続的な取引を行っていた債務者につきその資産状況、支払状況等が悪化したためその後の取引を停止するに至った場合であるので、本件のようにある債権が発生した後、新たに別の債権が発生するということは、本件通達でいうところの「その後の取引」が発生していることであり、取引の停止の時期は最後の債権が発生したときと認めるのが相当である。
> D　なお、請求人は、…のとおり、個々の債権が発生した日以後1年を経過したことをもって、その経過した部分の金額を貸倒れとする旨主張するが、新たに別の債権が発生した場合に、個々の債権が発生したときを取引の停止の時期として当該個々の債権を貸倒れとして損金に算入することは、結果的に同一債務者に係る債権の一部貸倒れを認めることとなるので、合理的な方法ではないと認めるのが相当であり、請求人の主張は採用できない。

57　継続的な取引

　法人税基本通達9-6-3は、「継続的な取引」を前提とし、「不動産取引のようにたまたま取引を行った債務者に対して有する当該取引に係る売掛債権については、この取扱いの適用はない。」とされていることから、そもそも継続的取引が行われないものだけを本通達の対象から除いているとも考えられますが、その判断は困難を伴うことから結果として継続的取引であったか否かで判断することになると考えます。

　したがって、継続的取引を前提に取引を開始したところ、相手方の状況により、1、2回程度で取引を停止した場合には、本通達の適用はないと考えます。

　ただし、国税庁ではホームページにおいて次のような質疑応答事例により、通信販売のように継続・反復して販売することを期待してその顧客情報を管理しているような実態がある場合には、結果として実際の取引が1回限りであったとしても、その顧客を「継続的な取引を行っていた債務者」として、取り扱う旨の弾力的な取扱いを示しています。

（貸倒損失）
4　通信販売により生じた売掛債権の貸倒れ
【照会要旨】
　A社は、一般消費者を対象に衣料品の通信販売を行っており、決済方法として、代金引換え、クレジットカード払い、商品引渡し後の銀行振込み（後払い）の3つを用意しています。このうち後払いの方法による場合において、期日までに振込みがないときには、

その支払期日から30日後、60日後、90日後にそれぞれ電話等での督促を行うほか、必要な回収努力を行っていますが、売上金額の1％程度が回収できない状況となっています。

　また、A社では、一度でも注文があった顧客については、継続・反復して販売することを期待して、その顧客情報をデータで管理していますが、その取引の状況を見てみると、同一の顧客に対して継続して販売している場合もありますが、1回限りの場合も多くあります。

　この場合、A社は、結果的に一回限りの販売しかしていない顧客を、法人税基本通達9-6-3(1)《一定期間取引停止後弁済がない場合等の貸倒れ》の(注)における「継続的な取引を行っていた債務者」とみて、当該顧客に対する売掛債権について、貸倒れとして損金の額に算入することができますか。

【回答要旨】

　当該顧客に対する売掛債権については、貸倒れとして損金の額に算入することができます。

（理由）

1　商品の販売、役務の提供等の営業活動によって発生した売掛金、未収請負金その他これらに準ずる債権（売掛債権）については、他の一般の貸付金その他の金銭消費貸借契約に基づく債権とは異なり、履行が遅滞したからといって直ちに債権確保のための手続をとることが事実上困難である等の事情から、取引を停止した後1年以上を経過した場合には、法人が売掛債権について備忘価額を付し、その残額を貸倒れとして損金経理をしたときは、これを認めることとされています（法人税基本通達9-6-3(1)）。

　なお、この場合の「取引の停止」とは、継続的な取引を行って

いた債務者につきその資産状況、支払能力等が悪化したためその後の取引を停止するに至った場合をいいますから、例えば、不動産取引のように同一人に対し通常継続して行うことのない取引を行った債務者に対して有する当該取引に係る売掛債権が１年以上回収できないにしても、この取扱いの適用はないこととなります（法人税基本通達９−６−３(注)）。

2　Ａ社の衣料品の通信販売は、一般消費者を対象に行われるもので、同一の顧客に対して継続して販売している場合もあるものの、１回限りの場合も多いとのことです。したがって、通常継続して行われることのない取引であり、上記１の取扱いの適用はないものとも考えられます。しかしながら、衣料品の通信販売を営むＡ社のように、一度でも注文があった顧客について、継続・反復して販売することを期待してその顧客情報を管理している場合には、結果として実際の取引が１回限りであったとしても、Ａ社の顧客を「継続的な取引を行っていた債務者」として、その１回の取引が行われた日から１年以上経過したときに上記１の取扱いを適用することができます。

58　継続的な取引と単発的な取引

法人税基本通達９−６−３(1)は、「債務者との取引」を対象としており、債務者単位で判断されることからすると、同一債務者との間で継続的取引とは別に単発的な取引を行っていた場合については、単発的な取引を含め本通達が適用されるものと考えます。

59　再生手続開始の申立てと売掛債権の貸倒処理

　法人税基本通達9-6-3(1)は、その取引を停止する事情等が一定の事実に該当する場合に形式的にその適用を認めるものであり、債務者が民事再生法等の法的整理等の申立てを行ったかどうかにかかわらず適用されることになっています。

　したがって、その取引を停止する事情等が一定の事実に該当する場合には、債務者に対する売掛債権の額から備忘価額を控除した残額を貸倒処理することが認められています。

　なお、法人が事業年度末に有する個別評価金銭債権に係る債務者について民事再生法の再生手続開始の申立てがあった場合には、基本的にその個別評価金銭債権について50％の個別評価金銭債権に係る貸倒引当金を繰り入れることができることになっています（法法52①、法令96①三）が、これにより個別評価金銭債権に係る貸倒引当金を繰り入れている場合であっても、法人税基本通達9-6-3に定めるその取引を停止する事情等が一定の事実に該当する場合には、その売掛債権について同通達を適用して改めて貸倒れとして処理することが認められています。

60　貸倒引当金と貸倒損失の連携

　貸倒引当金と貸倒損失の連携については、上記「48貸倒引当金と貸倒損失の連携」で詳しく解説しています。

61　弁済の約束がある場合等

　法人税基本通達 9 - 6 - 3 の適用により貸倒処理をした売掛債権について、後日、その売掛債権について弁済の約束をした場合や親会社等による債務引き受けがあった場合、その時点で益金算入するのではなく、実際の弁済を受けた時点で、償却債権取立益（企業会計原則注解　注12）として益金算入することが認められています（松尾公二編著「法人税基本通達逐条解説（十一訂版）」1109頁（税務研究会出版局　令和 5 年））。

　本通達が、その取引を停止する事情等が一定の事実に該当する場合に形式的にその適用を認めるものであることからすれば、本通達の要件を満たす場合には、仮に債務者が弁済の約束をした場合であっても、本通達を適用し貸倒処理することが認められると考えられます。

5　その他の貸倒処理

62　ゴルフ会員権の貸倒処理

　ゴルフ会員権は、会員契約の解除がなければ預託金返還請求権、すなわち金銭債権として顕在化しません。預託金の一部が切り捨てられたとしても会員契約は解除されていないため、保有している会員権は金銭債権として顕在化しておらず金銭債権の性格を有しない会員権について貸倒処理することは認められないとも考えられます。

　しかし、会員契約の内容を当事者間の合意によって預託金の一部を返還又は切り捨てることに変更することは可能なことから、契約変更によ

り預託金の一部が金銭債権たる預託金返還請求権として顕在化した上で切り捨てられたと見ることができます。また、預託金の切捨ては当事者間に存在した債権債務の関係が法律的に消滅することであり、債務者であるゴルフ場は債務免除益を計上することになります。

　このようなことから、債権者においても消滅した債権に相当する部分については、貸倒処理を認めることとされています（法基通9-7-12（注））。

〈参考通達〉

法人税基本通達

（資産に計上した入会金の処理）

9-7-12　法人が資産に計上した入会金については償却を認めないものとするが、ゴルフクラブを脱退してもその返還を受けることができない場合における当該入会金に相当する金額及びその会員たる地位を他に譲渡したことにより生じた当該入会金に係る譲渡損失に相当する金額については、その脱退をし、又は譲渡をした日の属する事業年度の損金の額に算入する。

㊟　預託金制ゴルフクラブのゴルフ会員権については、退会の届出、預託金の一部切捨て、破産手続開始の決定等の事実に基づき預託金返還請求権の全部又は一部が顕在化した場合において、当該顕在化した部分については、金銭債権として貸倒損失及び貸倒引当金の対象とすることができることに留意する。

63　損害賠償金に係る債権の貸倒処理

　法人の役員又は使用人がした行為等によって他人に与えた損害につき法人がその損害賠償金を支出した場合において、その損害賠償金の対象となった行為等が、法人の業務の遂行に関連するものであるが故意又は重過失に基づくものである場合又は法人の業務の遂行に関連しないものである場合には、その支出した損害賠償金に相当する金額はその役員又は使用人に対する債権とすることとされています（法基通9-6-16）。

　このような場合であっても、その役員又は使用人の支払能力等からみて求償できない事情にある場合には、その全部又は一部に相当する金額を損金経理することを条件に貸倒処理を認めることとしています（法基通9-6-17本文）。

　ただし、貸倒れ等とした金額のうちその役員又は使用人の支払能力等からみて回収が確実であると認められる部分の金額については、これをその役員又は使用人に対する経済的な利益の供与に該当するため給与とされることになります（法基通9-6-17ただし書）。

〈参考通達〉

法人税基本通達
（法人が支出した役員等の損害賠償金）
9-7-16　法人の役員又は使用人がした行為等によって他人に与えた損害につき法人がその損害賠償金を支出した場合には、次による。
(1)　その損害賠償金の対象となった行為等が法人の業務の遂行に関連するものであり、かつ、故意又は重過失に基づかないものであ

る場合には、その支出した損害賠償金の額は給与以外の損金の額に算入する。

(2)　その損害賠償金の対象となった行為等が、法人の業務の遂行に関連するものであるが故意又は重過失に基づくものである場合又は法人の業務の遂行に関連しないものである場合には、その支出した損害賠償金に相当する金額は当該役員又は使用人に対する債権とする。

(損害賠償金に係る債権の処理)

9-7-17　法人が、9-7-16(2)に定める債権につき、その役員又は使用人の支払能力等からみて求償できない事情にあるため、その全部又は一部に相当する金額を貸倒れとして損金経理をした場合（9-7-16(2)の損害賠償金相当額を債権として計上しないで損金の額に算入した場合を含む。）には、これを認める。ただし、当該貸倒れ等とした金額のうちその役員又は使用人の支払能力等からみて回収が確実であると認められる部分の金額については、これを当該役員又は使用人に対する給与とする。

6　貸倒損失処理に関する立証責任

　所得の存在及びその金額について、通常、課税当局が立証責任を負うことから、貸倒損失についてもその存在の有無が争われる場合には同様に、課税当局においてその不存在を立証すべき責任があることになります。

　しかしながら、貸倒損失については、①不存在の立証には相当の困難を伴うものであること、②貸倒損失の内容は納税者が熟知し、証拠書類も保存していることから、納税者において貸倒れの事実等について立証が求められており、その立証を行わない場合には、貸倒損失としての処理が否定されることになります。

〈参考判決〉

平成6年8月29日仙台地裁

1　本件においては、原告の本件事業年度における所得金額の計算上、■■■■に対する本件貸付金残高を貸倒損失として損金の額に算入することの是非が争われ、本件貸付金債権の帰属及び右残高が争点となつている。

　　ところで、貸倒損失は、所得金額の算定にあたつて控除すべきものであり、所得の発生要件事実を構成すると考えられるので、貸倒損失の有無が争われる場合には、所得の一定額の存在を主張する課税庁側において当該貸倒損失の不存在を立証すべき責任がある。

　　しかしながら、貸倒損失は、通常の事業活動によつて、必然的に発生する必要経費とは異なり、事業者が取引の相手方の資産状況について十分に注意を払う等合理的な経済活動を遂行している限り、必然的に発生するものではなく、取引の相手方の破産等の特別の事情がない限り生ずることのない、いわば特別の経費というべき性質のものである上、貸倒損失の不存在という消極的事実の立証には相当の困難を伴うものである反面、被課税者においては、貸倒損失の内容を熟知し、これに関する証拠も被課税者が保

持しているのが一般であるから、被課税者において貸倒損失とな
る債権の発生原因、内容、帰属及び回収不能の事実等について具
体的に特定して主張し、貸倒損失の存在をある程度合理的に推認
させるに足りる立証を行わない限り、事実上その不存在が推定さ
れるものと解するのが相当である。

II 債権譲渡等の税務上の取扱い について

1 不良債権譲渡について

(1) 概　　要

　不良債権の最終処理の方法として、金融機関等が保有する不良債権を売却するいわゆるバルクセールといわれるものが考えられ、具体的には、債権管理回収業に関する特別措置法（いわゆるサービサー法）に基づく債権回収業者いわゆるサービサーに不良債権を譲渡することも行われています。

　なお、サービサーが取り扱える債権は、破産等の手続開始決定を受けた者の有する一定の債権（特定金銭債権）に限られています（サービサー法2、下記「[7]サービサーが取り扱える特定金銭債権」参照）。

(2) 税務上の取扱い

　不良債権の譲渡における法人税法上の問題点は、①譲渡した事実と②譲渡価額の適正さであると考えられます。

　つまり、不良債権を譲渡した場合には、譲渡価額が簿価を下回ることから、含み損が実現し、譲渡損として損金の額に算入されることになりますが、例えば、グループ会社等に単に形式上移管しただけで、譲り受けた会社側がその不良債権に係るリスクを一切負わないというような場合には、譲渡した実態にあるとは認められず、譲渡損の計上が認められ

ないことになります。

　また、譲渡価額が当該債権に係る担保物の評価、債務者の資産状況や営業状況等からみて適正に算定された時価といえるのでなければ、低額譲渡又は高額譲渡として寄附金課税の問題が生じることになります。

本取扱いの要点

64　譲渡した事実

　法人が売掛金及び貸付金等の金銭債権である金融資産の売却等の契約をした場合において、その契約によりその金融資産に係る権利の支配が他の者に移転したときは、原則として、リスクが完全に移転するなどの要件を満たしているときは、その売却等に伴い収受する金銭等の額を益金の額とし、その売却等直前の帳簿価額を損金の額に算入することとされています（法基通2−1−44）。

〈参考通達〉

> **法人税基本通達**
> **（金融資産の消滅を認識する権利支配移転の範囲）**
> 2−1−44　法人が金融資産（金融商品である資産をいう。以下この章において同じ。）の売却等の契約をした場合において、当該契約により当該金融資産に係る権利の支配が他の者に移転したときは、当該金融資産の売却等による消滅を認識するのであるから、原則として、次に掲げる要件の全てを満たしているときは、当該

売却等に伴い収受する金銭等の額又は当該売却等の直前の当該金融資産の帳簿価額は、当該事業年度の益金の額又は損金の額に算入する。

(1)　売却等を受けた者は、次のような要件が満たされていること等により、当該金融資産に係る権利を実質的な制約なしに行使できること。

イ　売却等をした者（以下２－１－44において「譲渡人」という。）は、契約又は自己の自由な意思により当該売却等を取り消すことができないこと。

ロ　譲渡人に倒産等の事態が生じた場合であっても譲渡人やその債権者（管財人を含む。）が売却等をした当該金融資産を取り戻す権利を有していない等、売却等がされた金融資産が譲渡人の倒産等のリスクから確実に引き離されていること。

(2)　譲渡人は、売却等をした金融資産を当該金融資産の満期日前に買い戻す権利及び義務を実質的に有していないこと。

(注)　新たに二次的な権利又は義務が発生する場合には、２－１－46《金融資産等の消滅時に発生する資産及び負債の取扱い》の適用があることに留意する。

〈参考会計基準〉

金融商品に関する会計基準

Ⅲ．金融資産及び金融負債の発生及び消滅の認識

２．金融資産及び金融負債の消滅の認識

(1)　金融資産の消滅の認識要件

8. 金融資産の契約上の権利を行使したとき，権利を喪失したとき又は権利に対する支配が他に移転したときは，当該金融資産の消滅を認識しなければならない。

9. 金融資産の契約上の権利に対する支配が他に移転するのは，次の要件がすべて充たされた場合とする。

(1) 譲渡された金融資産に対する譲受人の契約上の権利が譲渡人及びその債権者から法的に保全されていること

(2) 譲受人が譲渡された金融資産の契約上の権利を直接又は間接に通常の方法で享受できること

(3) 譲渡人が譲渡した金融資産を当該金融資産の満期日前に買戻す権利及び義務を実質的に有していないこと

65 適正な譲渡価額

　法人税法上、譲渡価額は時価によることが求められますが、グループ会社等に対する譲渡ではなく、特別の意図の下で譲渡されたものでない限り、当事者間での取引価額が時価として認められるものと考えます。

　次の個別文書回答を参考にする限り、適正な収支予測額及び割引率に基づいた恣意的な計算でないことを明らかにしておくことで、その取引が税務上低額譲渡等とみなされる可能性は低いものと考えられます。

〈参考通達〉

適正評価手続に基づいて算定される債権及び不良債権担保不動産の価額の税務上の取扱いについて（法令解釈通達）（平成10年12月4

日付課法 2 - 14、査調 4 -20）

　平成10年11月 2 日、日本公認会計士協会から、また、同年11月 2 日及び11月20日、日本不動産鑑定協会から、国税庁に対し、両協会が策定した適正評価手続に基づいて算定される債権及び不良債権担保不動産の取引価額は税務上も認められると解して差し支えないか照会がありました。

　国税庁においては、その内容について検討し、平成10年12月 4 日、それぞれの手法の計算の基礎とした収支予測額及び割引率が適正であれば税務上も認められる旨両協会に対して回答しました。

日本公認会計士協会からの照会に対する回答（平成10年12月 4 日付課法 2 -12、査調 4 -18）

「「流動化目的」の債権の適正評価について」に基づいて算定される価額の税務上の取扱いについて（平成10年11月 2 日付照会に対する回答）

　標題のことについて、評価対象となる債権の取引価額につき、「「流動化目的」の債権の適正評価について」に基づいて算定された価額については、適正な収支予測額及び割引率等に基づいて算定されたものである場合には、貴見のとおり取り扱うこととします。

日本不動産鑑定協会からの照会に対する回答（平成10年12月 4 日付課法 2 -13、査調 4 -19）

「不良債権担保不動産の適正評価手続きにおける不動産の鑑定評価に際して特に留意すべき事項について」に基づいて算定される価額

の税務上の取扱いについて（平成10年11月2日及び11月20日付照会
に対する回答）

　標題のことについて、評価対象となる不良債権担保不動産の取引
価額につき、「不良債権担保不動産の適正評価手続きにおける不動産
の鑑定評価に際して特に留意すべき事項について」に基づいて算定
された価額については、適正な収支予測額及び割引率等に基づいて
算定されたものである場合には、貴見のとおり取り扱うこととします。

66　債務者関係者への債権譲渡

　債務者の特殊関係者（例えば債務者法人の代表者等）に譲渡した場合、
その取引が真実の売買である限り、その取引自体を否定し、譲渡損失相
当額を寄附金とされることはないと考えられます。

　なお、当事者間では実質的な債権放棄として認識しているところを債
権譲渡に仮装したものであり、その譲渡損は寄附金に該当するものとし
て、その譲渡損が否認（更正処分）を受けた事例（平成17年2月14日裁
決）があります。

　この事例は、最終的には、審判所により更正処分等が全部取り消され
ていますが、債権譲渡を行うときは本事例を参考に慎重に対応すべきと
考えます。

〈参考判例〉

平成15年3月6日大阪高裁

3　事実認定・法律構成による否認について

(1)　課税は、私法上行為によって現実に発生している経済的効果に則して行われるのであるから、第一義的には私法の適用を受ける経済取引の存在を前提として行われるものであるが、その課税の前提となる取引行為の私法上の法律構成については、契約書等における当事者間の表面的形式的合意にとらわれることなく、契約書等に表面的には現われない事情をも考慮して実質的な経済的実体を認定し、当事者が真に意図した私法上の法律構成による合意内容を探求し、これに基づいて課税が行われることになる。

　租税回避行為を否認するためには原則的に法文中に租税回避行為の否認に関する明文の規定を要すると解すべきであるが、当事者間の真実の私法上の合意内容を探求し、当事者間の真の合意に基づいて課税するということは、この租税回避行為の否認に当たるものではないというべきである。

〈参考裁決〉

平成17年2月14日裁決（非公開）

(1)　事案の概要

　同族会社X社は、子会社であった外国法人Y社に対して平成15年5月26日時点で、長期貸付金債権9億2,035万円を有していた。X社の代表者甲とY社の代表者乙は兄弟であるが、会社同士は平成14年5月30日に資本関係を解消している。この長期貸付金債権は会社同士のかつての関係から、無担保及び無保証で具体的な返済計画のないまま行われたものが累積したものであり、一度の

返済もされていなかった。なお、Y社は設立以来の赤字決算である。

　X社は取引先金融機関からY社への貸付金債権が不良債権であるとの指摘を受け、その早期処理を強く求められたため、Y社に対して債権放棄を提案したがY社が受贈益課税により倒産に追い込まれるとの理由から不可能と判断された。そこで、同債権の買取りの申出をしたY社の代表者乙に対して売却を行うことにし、売買を円滑に行うために第三者である資産運用会社Z社に仲介を依頼した。なお、Z社はX社より報酬を受取り、債権譲渡取引の仲介、本件債権価格の鑑定・調査も行っている。

　そして、平成15年5月29日にX社はZ社に対して本件債権を1億6,628万円で譲渡を行い、Z社は譲渡された本件債権を、同日に、同額で乙に対して再譲渡した。なお、乙の買取資金は同人の個人名義による銀行借入れによる自己資金のみが用いられ、その後当該借入れの返済の一部には乙個人名義の不動産の売却による資金が充てられた。

〈取引関係図〉

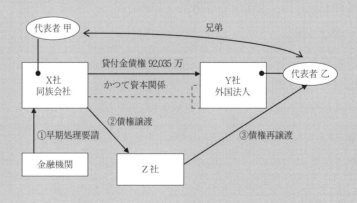

　X社は、平成15年5月31日に終了する事業年度の法人税について、本件取引による債権売却損の額、7億5,407万円を損金の額に算入して申告をしたところ、原処分庁によって、債権売却損の額は寄附金に当たるとして、法人税の更正処分等を受けた。

(2)　**原処分庁の主張**

　本件取引が実体は債権放棄であるところを、次のとおり寄附金課税を免れるために仮装取引を行ったものである。したがって、債権売却損の額はX社からY社に対する利益の供与に該当し、別途Y社の合理的な再建計画もないことから、X社の損金の額に算入されないと主張した。

①　本件債権は無担保、無保証、返済計画がない貸付金債権である点、非上場会社であるY社に対する市場流通性のない債権である点から、売買して流動化するという客体になじまない。

②　本件債権の時価は、X社の依頼を受けて取引を進める立場のZ社によるものであり、恣意性のあるもので、第三者の公正な鑑定評価額ではない。

③　本件取引におけるZ社の介在は、同社の購入価額と売却価額が同額である点、売買価額はX社と乙との間で交渉決定された点から、単に形式的なものであり、Z社が本件譲渡における当事者とは認められない。

(3)　**審判所の判断**

　次の点を総合すると、本件譲渡は、金融機関からの不良債権処理を求められたX社が、本件債権の処分を目的として乙からの買取りの申出に応じて、仲介者Z社を通して乙に再譲渡することを前提として行われたものであると認定した。そして、債権売

却損が発生したかのように仮装した取引とは認められず、債権売却損はX社からZ社への債権譲渡によって生じたものであり、Y社に対する寄附金には該当しないとして、更正処分を取り消す裁決を行った。

① 親子会社関係を前提としたものであるとしても、本件債権が債権放棄を前提として貸付けられたものであるなどの事情は認められない。そして非上場会社に対する債権であるとしても必ずしも譲渡性が失われるものでなく、譲渡性を有している。

② 鑑定の結果について、恣意性を有することを証明しえる根拠はなく、鑑定結果が不当であるとまでは言えない。

③ Z社の本件取引における介在は、同取引にかかる譲渡代金の決済の履行等を保全する目的をもって、取決めに従って行われた一般的な仲介と認められる。

④ 本件取引が、資本関係が解消されてから行なわれている点、Z社から乙への再譲渡の際に乙の自己資金のみが充てられている。

67 債務者関係者への債権譲渡と相続税

前記62で紹介した事例（平成17年2月14日裁決）の場合、債権者であるX社にとって不良債権処理は終了していますが、債務者であるY社の債務免除益課税の問題は解決していません。

また、Y社の代表者乙が債権者となっていますので、乙が死亡した場合にはそれが乙の相続財産になってしまいます。相続税法上Y社が法的整理等に入っていない限り、その金銭債権は元本の価額と利息の価額

の合計額で評価されることになります（財産評価基本通達204、205）ので、乙の相続人に大きな相続税の負担が生じることになるのではないかと考えられますので、抜本的解決のためには、Ｙ社を事業再生等により整理することを検討すべきではないかと考えます。

　なお、債務者が個人である場合には、債務者の債務超過の状態が著しく、その者の信用、才能等を活用しても、現にその債務を弁済するための資金を調達することができないだけでなく、近い将来においても調達することができる見込みがない場合には、貸付金評価はゼロとなる旨の裁決（平成24年9月13日裁決）からすると、債務者が法人である場合において、その法人の資産状況、支払能力等からみて貸付金の全額が回収できないことが明らかとなっているとき（法人税基本通達9-6-2による貸倒処理ができる状況にあるとき）は、貸付金評価がゼロということも考えられます。

〈参考通達〉

財産評価基本通達
（貸付金債権の評価）

204　貸付金、売掛金、未収入金、預貯金以外の預け金、仮払金、その他これらに類するもの（以下「貸付金債権等」という。）の価額は、次に掲げる元本の価額と利息の価額との合計額によって評価する。

　⑴　貸付金債権等の元本の価額は、その返済されるべき金額

　⑵　貸付金債権等に係る利息（208《未収法定果実の評価》に定める貸付金等の利子を除く。）の価額は、課税時期現在の既経過利息として支払を受けるべき金額

（貸付金債権等の元本価額の範囲）

205　前項の定めにより貸付金債権等の評価を行う場合において、その債権金額の全部又は一部が、課税時期において次に掲げる金額に該当するときその他その回収が不可能又は著しく困難であると見込まれるときにおいては、それらの金額は元本の価額に算入しない。）

⑴　債務者について次に掲げる事実が発生している場合におけるその債務者に対して有する貸付金債権等の金額（その金額のうち、質権及び抵当権によって担保されている部分の金額を除く。）

　　イ　手形交換所（これに準ずる機関を含む。）において取引停止処分を受けたとき

　　ロ　会社更生手続の開始の決定があったとき

　　ハ　民事再生法（平成11年法律第225号）の規定による再生手続開始の決定があったとき

　　ニ　会社の整理開始命令があったとき

　　ホ　特別清算の開始命令があったとき

　　ヘ　破産の宣告があったとき

　　ト　業況不振のため又はその営む事業について重大な損失を受けたため、その事業を廃止し又は6か月以上休業しているとき

⑵　再生計画認可の決定、整理計画の決定、更生計画の決定又は法律の定める整理手続によらないいわゆる債権者集会の協議により、債権の切捨て、棚上げ、年賦償還等の決定があった場合において、これらの決定のあった日現在におけるその債務者に

対して有する債権のうち、その決定により切り捨てられる部分の債権の金額及び次に掲げる金額

イ　弁済までの据置期間が決定後5年を超える場合におけるその債権の金額

ロ　年賦償還等の決定により割賦弁済されることとなった債権の金額のうち、課税時期後5年を経過した日後に弁済されることとなる部分の金額

(3)　当事者間の契約により債権の切捨て、棚上げ、年賦償還等が行われた場合において、それが金融機関のあっせんに基づくものであるなど真正に成立したものと認めるものであるときにおけるその債権の金額のうち(2)に掲げる金額に準ずる金額

〈参考裁決〉

平成24年9月13日裁決（裁決事例集No.88）

　評価通達204は、貸付金債権等の評価は、貸付金債権等の元本の価額と利息の価額との合計額により評価する旨定めている。

　また、評価通達205は、貸付金債権等の評価を行う場合において、その債権金額の全部又は一部が、課税時期において「次に掲げる金額に該当するときその他その回収が不可能又は著しく困難であると見込まれるとき」においては、それらの金額は元本の価額に算入しない旨定めている。

　この場合の「次に掲げる金額」とは、別紙・・・のとおり、債務者について手形交換所の取引停止処分等に該当する事実があったときの貸付金債権等の金額並びに再生計画認可の決定、整理計画の決

定及び再生計画の決定等により切り捨てられる債権の金額等が掲げられている。そうすると、「次に掲げる金額に該当するとき」とは、いずれも、債務者の資産状況及び営業状況等が破綻していることが客観的に明白であって、その債務者に対して有する貸付金債権等の金額の回収の見込みのないことが客観的に確実であるといい得るときであると解するのが相当である。

また、「その他その回収が不可能又は著しく困難であると見込まれるとき」とは、貸付金債権等の評価方法として、評価通達204及び205の定めが、上記のとおり、原則として元本の価額と利息の合計額とし、例外として債務者について手形交換所の取引停止処分等に該当するような客観的に明白な事由が存する場合に限り、その債務者に対して有する貸付金債権等の金額を元本の価額に算入しない取扱いをしていること及び同通達205において、「次に掲げる金額に該当するとき」、すなわち、債務者について手形交換所の取引停止処分等に該当する事実があったときの貸付金債権等の金額並びに再生計画認可の決定、整理計画の決定及び再生計画の決定等により切り捨てられる債権の金額等に該当するときと並列的に定められていることからすると、上記の「次に掲げる金額に該当するとき」と同視できる程度に債務者の資産状況及び営業状況等が破綻していることが客観的に明白であって、債権の回収の見込みのないことが客観的に確実であるといい得るときをいうものと解するのが相当である。

そして、「同視できる程度」とは、債務者が個人である場合には、債務者の債務超過の状態が著しく、その者の信用、才能等を活用しても、現にその債務を弁済するための資金を調達することができないだけでなく、近い将来においても調達することができる見込みが

ない場合をいうものと解される。

68 譲渡取引とグループ法人税制

完全支配関係がある法人間において資産の譲渡取引が行われた場合には、次のグループ法人税制の適用を受けることになります。

① 完全支配関係がある法人間の資産の譲渡等

内国法人（普通法人又は協同組合等に限ります。）がその有する譲渡損益調整資産を他の内国法人（その内国法人との間に完全支配関係がある普通法人又は協同組合等に限ります。）に譲渡した場合には、その譲渡損益調整資産に係る譲渡利益額（その譲渡に係る収益の額が原価の額を超える場合におけるその超える部分の金額）又は譲渡損失額（その譲渡に係る原価の額が収益の額を超える場合におけるその超える部分の金額）に相当する金額は、その譲渡した事業年度（その譲渡が非適格合併による合併法人への移転である場合には、最後事業年度）の所得の金額の計算上、損金の額又は益金の額に算入することとされています（法法61の11①、法令122の12①）。

譲渡損益調整資産には、金銭債権が含まれていますが、譲渡直前の帳簿価額が1,000万円に満たないものは除かれています（法令122の12①三）。

なお、帳簿価額が1,000万円に満たない場合の帳簿価額は、その譲渡した金銭債権の一の債務者ごとに区分した後の帳簿価額とされています（法規27の13の2①、27の15①）。

②　譲渡損益の実現（戻入れ）

　内国法人が譲渡損益調整資産に係る譲渡利益額又は譲渡損失額につき上記①の適用を受けた場合において、その譲渡を受けた法人（譲受法人という。）においてその譲渡損益調整資産に譲渡、償却、評価換え、貸倒れ、除却その他の事由が生じたときは、その譲渡損益調整資産に係る譲渡利益額又は譲渡損失額に相当する金額につき、一定の金額を、その事由が生じた日の属するその譲受法人の事業年度終了の日の属するその内国法人の事業年度の所得の金額の計算上、益金の額又は損金の額に算入することとされています（法法61の11②、法令122の12④）。

　したがって、金銭債権の譲渡について、譲受法人において、再譲渡や貸倒れが生じた場合には、その譲渡法人において、一定の金額を戻入れすることになります（法基通12の4−3−4）。

69　低額譲渡等とグループ法人税制

　完全支配関係がある法人間における資産の譲渡取引が低額譲渡等である場合には、次のグループ法人税制の適用を受けることになります。

①　寄附金の損金不算入

　内国法人が各事業年度においてその内国法人との間に完全支配関係（法人による完全支配関係に限ります。）がある他の内国法人に対して支出した寄附金の額（②の受贈益の益金不算入の規定の適用がないものとした場合に当該他の内国法人の各事業年度の所得の金額の計算上益金の額に算入される受贈益の額に対応するものに限ります。）は、その内国法人の各事業年度の所得の金額の計算上、損金の額に算入し

ないこととされています（法法37②）。

　この場合、損金算入限度額の計算は行われず、その全額が損金不算入とされます。

②　受贈益の益金不算入

　内国法人が各事業年度においてその内国法人との間に完全支配関係（法人による完全支配関係に限ります。）がある他の内国法人から受けた受贈益の額（①の寄附金の損金不算入の規定の適用がないものとした場合に当該他の内国法人の各事業年度の所得の金額の計算上損金の額に算入される寄附金の額に対応するものに限ります。）は、その内国法人の各事業年度の所得の金額の計算上、益金の額に算入しないこととされています（法法25の2①）。

　なお、資産の譲渡又は経済的な利益の供与を受けた場合において、その譲渡又は供与の対価の額がその資産のその譲渡の時における価額又はその経済的な利益のその供与の時における価額に比して低いときは、その対価の額とその価額との差額のうち実質的に贈与又は無償の供与を受けたと認められる金額は、受贈益の額に含まれます（法法25の2③）。

③　株主における寄附修正

　完全支配関係がある法人間において課税関係を生じさせないことを前提とした寄附による財産の移転について、それぞれの法人に寄附金、受贈益の課税を生じさせないこととしたことから、それら法人の株主であるグループ法人においても、その後、寄附金、受贈益の課税を生じさせなかったそれぞれの法人の株式の譲渡の際に課税を生じさせな

いよう、その法人が有するその法人との間に完全支配関係がある他の法人（子法人）の株式について寄附修正事由が生ずる場合には、子法人における受贈益の額及び寄附金の額に相当する金額を利益積立金額に加減算し（法令９七）、その寄附修正事由が生じた時の直前のその株式の帳簿価額にその金額を加減算することとされています（法令119の３⑨、119の４①）。

　寄附修正事由とは、子法人が他の内国法人に対して上記①の適用がある寄附金の額を支出したこと又は子法人が他の内国法人から上記②の適用がある受贈益の額を受けたことをいいます（法令９七）。

④　個人（親族等）による完全支配関係がある場合

　完全支配関係が個人によるものには、親族によるものも含まれることから、そうしたものについても受贈益の益金不算入を適用すると、相続税や贈与税の潜脱行為に利用されることから、グループ法人税制の適用はなく、寄附した法人側では損金算入限度額を除き損金不算入、寄附を受けた法人側では益金算入となります。

　ただし、個人による完全支配関係があれば除くとするものではなく、個人による完全支配関係がある場合でも、法人による完全支配関係がある法人間では、寄附金の損金不算入及び受贈益の益金不算入が適用されます。

⑤　寄附金・受贈益の対応関係がない場合

　上記①は、寄附を受けた側の受贈益の額に対応するものに適用され、上記②は、寄附した側の寄附金の額に対応するものに適用されるため、法人税基本通達９-４-１又は９-４-２に該当する場合のように寄附し

た側において寄附金の額が生じない場合には、適用されないことになります。

⑥　譲渡損益調整資産の低額譲渡があった場合

　譲渡損益調整資産の譲渡取引に係る損益が繰り延べられることから、売り手側が土地（譲渡損益調整資産）を譲渡したことによる譲渡益相当を損金算入することにより、譲渡益が繰り延べられます。

　更に、法人による完全支配関係がある法人間の寄附金は寄附した側で全額損金不算入とされることから、売り手側の寄附金の額全額が損金不算入とされます。また、寄附を受けた側の受贈益が益金不算入とされることから、買い手側の受贈益が益金不算入とされます。

70　債権譲渡損失と貸倒実績率

　債権譲渡損失は、金銭債権の回収不能に伴う損失ではないことから、一括評価金銭債権に係る貸倒引当金の計算における貸倒実績率の算定に当たって含めることはできないと考えられます（法法52②、法令96⑥二）。

〈参考裁決〉

> **平成20年4月17日裁決**
> 　一般的に、法人が有する金銭債権の譲渡に基づく損益は、法人税法上も、譲渡損については損金の額となり、譲渡益については益金の額に算入される。そして、通常、金銭債権の譲渡損失は、債務者の将来的な返済能力に基づく当該債権の回収可能額及び回収時期等を基礎とした当該債権の現在価値や当該債権譲渡の緊急性等を総合

勘案して合意された当該金銭債権の譲渡価額が譲渡原価である帳簿価額を下回る場合に発生する損失であり、自己の金銭債権の回収不能に伴う損失である貸倒損失とは別異のものである。したがって、法人税法上の一括評価金銭債権に係る貸倒引当金の計算において貸倒実績率の算定に当たって含めるべき、売掛債権等の貸倒れにより生じた損失の額に債権譲渡損失の額を含めることはできない。

71 サービサーが取り扱える特定金銭債権

　サービサー法においてサービサーが取り扱える「特定金銭債権」には、破産、特別清算、会社更生、民事再生等の手続開始決定を受けた者の有する金銭債権及びそれらの者の有していた金銭債権、特定調停を申し立てた特定債務者及び手形交換所による取引停止処分を受けた者が有していた金銭債権（倒産関連債権）が含まれています（サービサー法2十六～十九）。

　なお、銀行保証を履行したことによる求償債権は、保証人が定款に保証業務を掲げていれば特定金銭債権の対象となり、それ以外の場合には対象外となります（サービサー法2二十一、同法施行令2七）。

〈参考法令〉

> **債権管理回収業に関する特別措置法**
> 第2条　この法律において「特定金銭債権」とは、次に掲げるものをいう。
> 　十六　破産手続開始の決定、再生手続開始の決定、更生手続開始

の決定、特別清算開始の命令又は外国倒産処理手続の承認の決定（以下「手続開始決定」という。）を受けた者（当該手続開始決定に係る破産手続、再生手続、更生手続、特別清算手続又は承認援助手続が終了している者を除く。次号において同じ。）が有する金銭債権

十七　手続開始決定を受けた者が譲渡した金銭債権

十八　特定債務等の調整の促進のための特定調停に関する法律（平成11年法律第158号）第2条第1項に規定する特定債務者が同条第3項に規定する特定調停が成立した日又は当該特定調停に係る事件に関し裁判所がする民事調停法（昭和26年法律第222号）第17条の決定が確定した日に有していた金銭債権

十九　手形交換所による取引停止処分を受けた者がその処分を受けた日に有していた金銭債権

二十一　信用保証協会その他政令で定める者が前号に掲げる債権に係る債務を履行した場合に取得する求償権

債権管理回収業に関する特別措置法施行令

第2条　法第2条第1項第二十一号に規定する政令で定める者は、次に掲げる者とする。

七　前各号に掲げる者のほか、法第2条第1項第一号から第十九号までに規定する債権に係る債務の保証を行うことを業務とする法人

2 デット・エクイティ・スワップについて

(1) 概　要

　デット・エクイティ・スワップ（DES）とは、デット（債務）をエクイティ（資本）にスワップ（交換）する「債務の株式化」であり、過剰債務を抱える債務者が再建するために債務を返済可能な規模まで減額するための有効な手法とされています。

　また、「債務の株式化」の具体的な手法としては、①債権者が第三者割当増資を引き受けて現金を債務者会社に払い込み、債務者会社はその現金で債務を弁済する、②債権者が債務者に対する債権を現物出資して新会社を設立し、その新会社に債務者が営業を譲渡し清算する、③債務者が保有する自己株式を債権者に代物弁済する、④債権者が債権を債務者会社に現物出資する、といったものが考えられます（「私的整理に関するガイドライン」Q&A 38）。

　会社更生法においては、更生計画の定めに従い、更生債権者等又は株主の権利の全部又は一部が消滅した場合において、これらの者が更生会社又は新会社の株式発行等の際に募集株式等の払込金額の全部又は一部の払込みをしたものとみなす旨を更生計画に盛り込むことができるとされています（会社更生法175二、183四）。

　民事再生法においては、会社更生法の場合と異なり独自の取扱いが設けられていないことから、他の私的整理と同様に上記①～④のいずれかの手続を行うことになると考えられます。

(2) 税務上の取扱い

　ここでは、上記(1)で示した DES の４つの手法のうち、最も一般的な

現物出資型（上記④）と過去に訴訟の対象となった現金振替型（上記
①）の税務上の取扱いについて解説することにします。なお、当事者間
に完全支配関係がある場合には、別途グループ法人課税制度の適用があ
ることに留意が必要です。

イ　現物出資型の場合

　　現物出資型とは、債権者が債権を債務者会社に現物出資する方法を
　いい、DES の手法としてはこの現物出資型が一般的で、DES 又は真
　正 DES という場合はこの方法を指します。

㈤　債権者側の取扱い

　　　子会社等に対して債権を有する法人が、合理的な再建計画等の定
　　めるところにより、その債権を現物出資（適格現物出資を除きま
　　す。）することにより株式を取得した場合には、その取得した株式
　　の取得価額は、現物出資をした債権の時価相当額とされます（法令
　　119①二、法基通 2 - 3 -14）。

　　　なお、会社更生法においては、更生債権者等の権利の全部若しく
　　は一部が消滅した場合、これらの者が更生会社又は新会社の株式発
　　行等の際に募集株式等の払込金額の全部又は一部の払込みをしたも
　　のとみなすことにより取得した更生会社等の株式の取得価額は、そ
　　の取得の時における価額とされます（法基通14- 3 - 6 ）。

㈥　債務者側の取扱い

　　　自己の株式の交付（株式の発行又は自己株式の譲渡）により増加
　　する資本金等の額は、「払い込まれた金銭の額及び給付を受けた金
　　銭以外の資産の価額その他の対価の額に相当する金額」とされます

（法法2十六、法令8①一）。

　この場合、自己の債権は時価で受け入れられることとなり、混同（民法520）により、それに対応する債務の券面額との差額につき債務消滅益が生じることになります。

　平成18年度税制改正前において株式を発行した場合に増加する資本積立金額(注)は、株式の発行価額のうち資本に組み入れなかった金額と規定されていたため、DESが行われた場合、消滅する債権の券面額と株式の発行価額を同額とすることで債務者側において債務消滅益が生じないものと解されていました（旧法法2十七イ）。

(注)　平成18年度税制改正により資本積立金額という用語は削除され、その内容は、資本金等の額（従前の資本等の金額に相当）のうち資本金又は出資金以外の部分として定義されています（法法2十六、法令8）。

ロ　現金振替型の場合

　現金振替型とは、債権者が第三者割当増資を引き受けて現金を債務者会社に払い込み、債務者会社は払い込まれた現金により直ちに債務を弁済する方法をいい、疑似DESともいわれています。

(イ)　債権者側の取扱い

　金銭の払込みにより取得した有価証券の取得価額は、その払込みをした金銭の額（及びその付随費用の金額の合計額）とされています（法令119①二）。

　このように金銭出資にした金額相当の有価証券を取得するとともに、金銭出資した金額が債権回収金となることから、損失は計上されません。

　取得した有価証券については、増資の直前において債務超過の状態にあり、かつ、その増資後においてなお債務超過の状態が解消していないとしても、その増資後においては、相当期間が経過するまで有価証券の評価損の計上はできないこととされています（法基通9－1-12）。

　なお、貸倒引当金を繰り入れていた場合には、債権回収が行われたことにより債権が存在しないため、洗替えによるその債権に係る貸倒引当金を繰り入れることができず、前事業年度の貸倒引当金の戻入れによる利益が生じることになります（法法52⑩）。現物出資型の場合には譲渡損失によってこの戻入れによる利益を相殺できますが、現金振替型の場合は損失が計上されないため利益のみが生ずることとなります。

㈿　債務者側の取扱い

　出資により払い込まれた金銭の額相当の資本金等の額が増加する（法法2十六、法令8①一）とともに、その払い込まれた金銭をもって債務の弁済が行われることから、特に課税上の問題が生じることはありません。

　ただし、現物出資によって資本金等の額を課税標準等とする法人住民税及び法人事業税に影響が生じます。

現物出資型における債権者側の取扱いの要点

72　現物出資型 DES と法人税基本通達 9 - 4 - 2 との関係

　子会社等に対して債権を有する法人が、合理的な再建計画等の定めるところにより、その債権を非適格現物出資した場合に取得する株式の取得価額は、現物出資をした債権の時価相当額とされます（法令119①二、法基通 2 - 3 -14）が、この場合の「子会社等」には、その法人と資本関係を有する者のほか、取引関係、人的関係、資金関係等において事業関連性を有する者が含まれることが明らかにされています（法基通 2 - 3 - 14（注））。

　また、本通達において DES の対象となる債務者について子会社等とし、合理的な再建計画等に基づくことを前提としているのは、DES が再建支援の一環として行われることから、DES により生ずる債権の譲渡損は他の再建支援損（債権放棄等）と同様の取扱いがなされるべきだからと考えられます。

　したがって、合理的な再建計画等に基づかない DES により生じた債権の譲渡損については、寄附金課税の問題が生じる可能性があるとされています（松尾公二編著「法人税基本通達逐条解説（十一訂版）」325頁（税務研究会出版局　令和 5 年））。

　例えば、債務者会社に対して有する500の債権（時価は200）を同社に対して現物出資型 DES を合理的な再建計画に基づいて行った場合の税務処理を示すと次のようになります。

（借方）		（貸方）	
X社株式	200	債権	500
支援損失	300		

〈参考法令〉

法人税法施行令

（有価証券の取得価額）

第119条 内国法人が有価証券の取得をした場合には、その取得価額は、次の各号に掲げる有価証券の区分に応じ当該各号に定める金額とする。

二 金銭の払込み又は金銭以外の資産の給付により取得をした有価証券（第四号又は第十九号に掲げる有価証券に該当するもの及び適格現物出資により取得をしたものを除く。）　その払込みをした金銭の額及び給付をした金銭以外の資産の価額の合計額（新株予約権の行使により取得をした有価証券にあっては当該新株予約権の当該行使の直前の帳簿価額を含み、その払込み又は給付による取得のために要した費用がある場合にはその費用の額を加算した金額とする。）

〈参考通達〉

法人税基本通達

（債権の現物出資により取得した株式の取得価額）

2-3-14 子会社等に対して債権を有する法人が、合理的な再建計画等の定めるところにより、当該債権を現物出資（法第2条第12

号の14（適格現物出資）に規定する適格現物出資を除く。）することにより株式を取得した場合には、その取得した株式の取得価額は、令第119条第1項第2号《有価証券の取得価額》の規定に基づき、当該取得の時における給付をした当該債権の価額となることに留意する。

(注) 子会社等には、当該法人と資本関係を有する者のほか、取引関係、人的関係、資金関係等において事業関連性を有する者が含まれる。

〈参考裁決〉

令和3年3月2日裁決（非公開）

本件 DES は、必要性及び相当性がいずれも認められないから、請求人が、本件 DES を実行したことについて相当な理由があったとはいえない。

したがって、本件 DES により供与した経済的利益の額である本件損失額は、寄附金の額に該当するというべきである。

73 適格現物出資に該当する DES

適格現物出資による債権の現物出資が行われた場合には、適格現物出資の直前の帳簿価額による譲渡とされるため譲渡損益は計上されません（法法62の4①）。

なお、貸倒引当金を繰り入れていた場合には、その対象とされた金銭債権が適格現物出資により同額の有価証券となっているため、洗替えに

よるその金銭債権に係る貸倒引当金の繰入れができず、前事業年度の貸倒引当金の戻入れによる利益のみが生じることになります（法法52⑩）。

〈参考法令〉

> **法人税法**
> **（適格現物出資による資産等の帳簿価額による譲渡）**
> **第62条の4①**　内国法人が適格現物出資により被現物出資法人にその有する資産の移転をし、又はこれと併せてその有する負債の移転をしたときは、当該被現物出資法人に当該移転をした資産及び負債の当該適格現物出資の直前の帳簿価額による譲渡をしたものとして、当該内国法人の各事業年度の所得の金額を計算する。

74　会社更生法による DES

　更生計画において更生会社に対して有する債権の消滅と引換えに更生会社の株式を取得した場合、その取得時の価額がその株式の取得価額とされます（法基通14-3-6、会社更生法175二、183四）。

　この場合の更生債権者等の消滅する債権の額と取得する株式の価額との差額は、貸倒損失として処理することになるとされています（松尾公二編著「法人税基本通達逐条解説（十一訂版）」1558頁（税務研究会出版局　令和5年））。

〈参考通達〉

> **法人税基本通達**

（債権の弁済に代えて取得した株式若しくは新株予約権又は出資若しくは基金の取得価額）

14-3-6　更生会社等に対して債権を有する法人（以下この款において「債権法人」という。）が、更生計画の定めるところにより、払込みをしたものとみなされ、又は権利の全部若しくは一部の消滅と引換えにして当該更生会社等の株式（新法人の株式を含む。）若しくは新株予約権又は出資若しくは基金（新法人の出資又は基金を含む。）の取得をした場合には、その取得の時における価額を当該株式若しくは新株予約権又は出資若しくは基金の取得価額とする。

〈参考法令〉

会社更生法

第175条　募集株式を引き受ける者の募集に関する条項においては、次に掲げる事項を定めなければならない。

二　第205条第1項の規定により、更生計画の定めに従い、更生債権者等又は株主の権利の全部又は一部が消滅した場合において、これらの者が会社法第203条第2項の申込みをしたときは募集株式の払込金額の全部又は一部の払込みをしたものとみなすこととするときは、その旨

第183条　株式会社の設立に関する条項においては、次に掲げる事項を定めなければならない。ただし、新設合併、新設分割又は株式移転により株式会社を設立する場合は、この限りでない。

四　第205条第1項の規定により、更生計画の定めに従い、更生債権者等又は株主の権利の全部又は一部が消滅した場合におい

> て、これらの者が会社法第59条第3項の申込みをしたときは新
> 会社の設立時募集株式の払込金額の全部又は一部の払込みをし
> たものとみなすこととするときは、その旨

75 DES の手法

「私的整理に関するガイドライン」(私的整理に関するガイドライン研究会)において、DES の意義と4つの手法が説明されています。

〈参考資料〉

私的整理に関するガイドライン

Q38.『デットエクイティスワップ』とは何ですか。

A.デットエクイティスワップ(Debt Equity Swap)とは、デット(債務＝借入れ)をエクイティ(資本＝株式)とスワップ(交換)することです。債権者が、債務者(企業など)の再建支援のために、債権(貸出金など)の一部を株式(普通株式又は優先株式)に転換することです。

　過剰債務を抱える債務者が再建を果たすためには、債務をキャッシュフローにより返済可能な程度まで減らす必要がありますが、その手法のひとつとして債務の株式化があります。債務者にとっては、キャッシュフローの改善に資する(通常、借入金利水準＞配当利回りとなっています)、債務不履行に陥るリスクが軽減される(株主への配当は支払い原資の範囲内で払うため)、自己資本比率が改善するなどの効果があります。

　一方、債権者にとっては、シニアレンダーから配当を受ける権利

が最劣後の株主になることや株価変動リスクを負うなどのデメリットがありますが、他方、債務者の再建が成就した場合には株式にキャピタルゲインが生じる可能性がありますので、債権放棄をするよりはメリットがあるとも言えます。

　なお、債務の株式化の現行法における法的構成としては、①債権者が現金を払い込んで企業から第三者割当増資を受け、企業は払い込まれた現金により債務を弁済する、②債権者が債務者に対する債権を現物出資して新会社を設立し、当該会社に対し債務者は営業を譲渡し清算する、③債務者が保有している自己株式を債権者に代物弁済する、などの方法が考えられますが、④債権者が債権を対象企業に現物出資することがもっともシンプルな方法であるとの意見が出されています。最近、東京地裁が債権の額面額による現物出資という構成を認めたことから（詳細は、針塚遵「東京地裁商事部における現物出資等検査役選任事件の現状」商事法務1590号参照）、これを前提とすると、従来、上記④を採用した場合の実務上の問題点のひとつと指摘されていた検査役の調査で債権の実質額を調査する必要がなくなる可能性が高いと考えられます。

現物出資型における債務者側の取扱いの要点

76　債務消滅益への対応

　DESにより生じた債務消滅益に対する課税により会社更生手続や民

事再生手続等に支障をきたすことを避けるため、その債務消滅益についても債務免除益等と同様にいわゆる期限切れ欠損金の損金算入の適用対象となります（法法59①②③、法令116の２、117、117の４一）。

　なお、この場合の期限切れ欠損金とは、その事業年度の確定申告書に添付する法人税申告書別表７⑴の「欠損金又は災害損失金の損金算入等に関する明細書」に控除未済欠損金額として記載されるべき金額を基に計算するところですが、一定の場合を除き、法人税申告書別表５⑴の「利益積立金額及び資本金等の額の計算に関する明細書」に期首現在利益積立金額の合計額として記載されるべき金額で、その金額がマイナスである場合のその金額を基に計算することとされています（法基通12－３－２）。

〈参考法令〉

法人税法
（会社更生等による債務免除等があつた場合の欠損金の損金算入）
第59条
①　内国法人について更生手続開始の決定があつた場合において、その内国法人が次の各号に掲げる場合に該当するときは、その該当することとなつた日の属する事業年度（以下この項において「適用年度」という。）前の各事業年度において生じた欠損金額で政令で定めるものに相当する金額のうち当該各号に定める金額の合計額に達するまでの金額は、当該適用年度の所得の金額の計算上、損金の額に算入する。
　一　当該更生手続開始の決定があつた時においてその内国法人に対し政令で定める債権を有する者（……（省略）……）から当該債権につき債務の免除を受けた場合（<u>当該債権が債務の免除</u>

以外の事由により消滅した場合でその消滅した債務に係る利益の額が生ずるときを含む。）　その債務の免除を受けた金額（当該利益の額を含む。）

②　内国法人について再生手続開始の決定があり、又は内国法人に第25条第３項若しくは第33条第４項に規定する政令で定める事実が生じた場合において、その内国法人が第25条第３項又は第33条第４項の規定の適用を受けるときは、その適用を受ける事業年度（以下この項において「適用年度」という。）前の各事業年度において生じた欠損金額で政令で定めるものに相当する金額のうち次に掲げる金額の合計額（……（省略）……）に達するまでの金額は、当該適用年度の所得の金額の計算上、損金の額に算入する。

一　当該再生手続開始の決定があつた時又は当該政令で定める事実が生じた時においてその内国法人に対し政令で定める債権を有する者（……（省略）……）から当該債権につき債務の免除を受けた場合（当該債権が債務の免除以外の事由により消滅した場合でその消滅した債務に係る利益の額が生ずるときを含む。）におけるその債務の免除を受けた金額（当該利益の額を含む。）

③　内国法人について再生手続開始の決定があつたことその他これに準ずる政令で定める事実が生じた場合（第25条第３項又は第33条第４項の規定の適用を受ける場合を除く。）において、その内国法人が次の各号に掲げる場合に該当するときは、その該当することとなつた日の属する事業年度（以下この項において「適用年度」という。）前の各事業年度において生じた欠損金額で政令で定めるものに相当する金額のうち当該各号に定める金額の合計額

> （……（省略）……）に達するまでの金額は、当該適用年度の所
> 得の金額の計算上、損金の額に算入する。
> 一　当該再生手続開始の決定があつた時又は当該政令で定める事
> 実が生じた時においてその内国法人に対し政令で定める債権を
> 有する者（……（省略）……）から当該債権につき債務の免除
> を受けた場合（当該債権が債務の免除以外の事由により消滅し
> た場合でその消滅した債務に係る利益の額が生ずるときを含
> む。）　その債務の免除を受けた金額（当該利益の額を含む。）

77　適格現物出資に該当する DES

　適格現物出資が行われた場合には、債権者における債権の帳簿価額で
受け入れることとなります（法法62の4②、法令123の5）。したがって、
受け入れた債権の帳簿価額と対応する債務の帳簿価額が同額の場合には
混同（民法520）による消滅損益は生じません。

　ただし、受け入れた債権の帳簿価額と対応する債務の帳簿価額に、差
額がある場合には消滅損益が生じることになります（下記「78適格現物
出資で消滅損益が生じる場合」参照）。

　例えば、受け入れた債権の帳簿価額を200、対応する債務の帳簿価額
を500とした現物出資型 DES が行われた場合の税務処理を示すと次のよ
うになります。

（借方）		（貸方）	
債権	200	資本金等の額	200

混同
（民法520）

（借方）		（貸方）	
債務	500	債権	200
		債務消滅益	300

〈参考法令〉

法人税法

（適格現物出資による資産等の帳簿価額による譲渡）

第62条の4② 　被現物出資法人の資産及び負債の取得価額その他前項の規定の適用に関し必要な事項は、政令で定める。

法人税法施行令

（適格現物出資における被現物出資法人の資産及び負債の取得価額）

第123条の5 　内国法人が適格現物出資により現物出資法人から資産及び負債の移転を受けた場合には、当該資産及び負債の取得価額は、法第六十二条の四第一項（適格現物出資による資産等の帳簿価額による譲渡）に規定する帳簿価額に相当する金額（その取得のために要した費用がある場合にはその費用の額を加算した金額とし、当該資産又は負債が当該現物出資法人（公益法人等又は人格のない社団等に限る。）の収益事業以外の事業に属する資産又は負債であつた場合には当該資産又は負債の価額として当該内国法人の帳簿に記載された金額とする。）とする。

民法

> **第520条**　債権及び債務が同一人に帰属したときは、その債権は、消滅する。ただし、その債権が第三者の権利の目的であるときは、この限りでない。

78　適格現物出資で消滅損益が生じる場合

　金銭債権をその債権金額に満たない価額で取得した二次債権者等が適格現物出資による DES を行う場合には、適格現物出資が行われた場合であっても、債務者側で混同により消滅する債権（取得した債権）と債務とに差額が生じることから、債務消滅益が生じることとなります。

〈参考判決〉

> 平成21年4月28日東京地裁（原告請求棄却）（平成22年9月15日東京高裁（控訴棄却）・平成23年3月29日最高裁（上告棄却・不受理））
> (1)　事案の概要
> ①　Y社とZ社は、甲及び乙によって完全支配されている。
> ②　Y社は、銀行からZ社宛て債権4億3,044万円を1億6,200万円で譲り受けた。
> ③　Y社は、②により取得した債権をZ社に対して、DES（適格現物出資）を実行した。

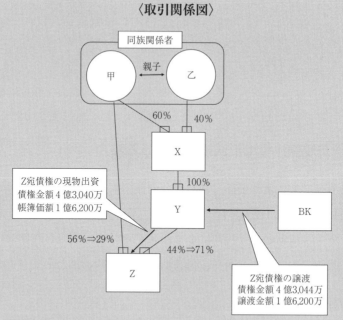

〈取引関係図〉

同族関係者
甲 ←親子→ 乙
60% 40%

X

Z宛債権の現物出資
債権金額4億3,040万
帳簿価額1億6,200万

100%

Y ← BK

56%⇒29%

44%⇒71%

Z

Z宛債権の譲渡
債権金額4億3,044万
譲渡金額1億6,200万

債権金額4億3,044万のうち4万円は、YからZに対して債務免除されている。

(2) 裁判所の判断

2 争点(2)（本件 DES について債務消滅益が生ずるか否か）について

(1) 前記前提事実を前提として、以下、検討する。

　ア、イ　……（省略）……

　ウ　原告は、本件 DES は、一の取引行為であり、全体として法人税法22条5項の資本等取引（資本等の金額の増加又は減少を生ずる取引）に該当する旨主張する。しかしながら、上記アで述べたとおり、株式会社の債務を株式に直接転換する制度が存在しない以上、本件 DES は、現行法制上、①本件現物出資によるY社から原告（Z社）への本件貸付債権の移転、②本件

貸付債権とこれに対応する債務（以下「本件貸付債務」とい
う。）の混同による消滅、③本件新株発行及び原告の新株引受
けという複数の各段階の過程によって構成される複合的な行為
であるから、これらをもって一の取引行為とみることはできな
い。また、上記①の現物出資及び同③の新株発行の過程におい
ては、資本等の金額の増減があるので、これらは資本等取引に
当たると認められるものの、上記②の混同の過程においては、
資本等の金額の増減は発生しないので、資本等取引に該当する
とは認められないから、①ないし③の異なる過程を併せて全体
を資本等取引に該当するものということはできず、いずれにし
ても、上記主張は理由がない。

エ　原告は、……（省略）……

　　しかしながら、本件現物出資が適格現物出資であれば、法人
税法62条の4第1項により、当該被現物出資法人に当該移転を
した資産及び負債の当該適格現物出資の直前の帳簿価額による
譲渡をしたものとして、当該内国法人の各事業年度の所得の金
額を計算することとなるのであって、会社法制上、一般に現物
出資対象債権の評価を券面額又は評価額のいずれで行うかとい
う議論は、法人税法上、適格現物出資における現物出資対象債
権の価額の認定には影響を及ぼさず、その認定とは関係がない
こととなる。そこで検討するに、前記前提事実(1)ウ、エ及びオ
のとおり、本件増資時である平成15年3月1日（本件現物出資
の払込期日自体は同年2月28日）より前において、Y社の出資
の全部をX社が保有し、X社の出資の60％を甲が、その40％
を甲の長女が保有していたところ、甲の長女は、法人税法施行

令4条の2第8項イ及び4条1項に規定する甲と特殊な関係にある個人に該当するから、甲は、X社の発行済株式の全部を直接又は間接に保有していたと認められ、Y社もX社を介して甲による完全支配関係にあったものと認められる。他方、原告の発行済株式の約56％を甲が、その約44％をY社が保有していたから、原告も甲による完全支配関係にあったと認められ、さらに、本件増資によりY社が原告の発行済株式の過半数である約71％を保有するに至ったものの、上記のとおりY社は甲による完全支配関係にある会社であるから、本件増資の前後を通じて、原告は甲による完全支配関係にあることとなり、原告とY社との関係は、本件増資の前後を通じて、同一人である甲による完全支配関係が継続する関係にあったと認められるので、Y社は法人税法2条12号の4に規定する現物出資法人に、原告は同条12号の5に規定する被現物出資法人にそれぞれ該当し、本件現物出資は、同条12号の14イ所定の適格現物出資に該当するものというべきである。そして、同条17号トによれば、本件現物出資により増加した資本積立金額は、適格現物出資により移転を受けた資産の現物出資法人（Y社）の当該移転の直前の帳簿価額1億6,200万円から本件現物出資によって増加した原告の資本の金額4億円を減算した金額であるマイナス2億3,800万円となるから、本件現物出資は、資本の金額を4億円増加させ、資本積立金額を2億3,800万円減額させる取引であり、その差額である1億6,200万円の資本等の金額の増加をもたらした資本等取引となる。したがって、適格現物出資に該当する本件現物出資について、資本等の金額の増減等は、上記のとお

り専ら適格現物出資に関する平成18年改正前の法人税法及び同法施行令の上記各規定に従って算定されるので、一般的な現物出資対象債権の評価方法（券面額又は評価額）に関する原告主張の議論の影響を受けるものではなく、上記各規定に基づいて行われた処分行政庁による債務免除益の認定は、平成18年改正後の法人税法の規定の遡及適用によるものではない。

　なお、適格現物出資によって移転された資産の評価を現物出資法人における直前の帳簿価格によるとする法人税法62条の4は、平成13年法律第6号による改正により設けられたものであり、平成18年改正の際には何ら内容は変更されていない。平成18年改正の際、資本積立金額に関する同法2条17号イの規定は削除され、資本積立金額の名称は用いられなくなったものの、資本等の金額（法人税法2条16号。ただし、平成18年改正後の同号の文言は「資本金等の額」）に組み入れる金額に関する同じ内容の規定が、平成18年政令第125号による改正後の法人税法施行令8条1項5号として設けられており、平成18年改正の前後を通じて、適格現物出資を巡る税法上の規律の内容に何ら変更はない。

オ　……（省略）……

カ　上記エで検討したとおり、本件現物出資は適格現物出資に該当するので、法人税法62条の4第1項により、本件貸付債権を直前の帳簿価額により譲渡したものとして、事業年度の所得の金額を計算することとなるから、混同により消滅した本件貸付債務の券面額とその取得価額（直前の帳簿価額）1億6,200万円との差額につき、債務消滅益が発生したものと認められる。

原告は、法人税法22条2項にいう取引（損益取引）は、税法上明確な特則が法律によって定められていない限り、民商法等の他の法分野で定める取引と同義に解さなければならず、民商法上、混同は、人の精神作用を要件としない法律事実である事件であって、取引に当たらない旨主張する。しかしながら、法人税法22条2項の規定の性質上、同項の「資産の販売、有償又は無償による資産の譲渡又は役務の提供、無償による資産の譲受け」は「取引」の例示であり、同項の「その他の取引」には、民商法上の取引に限られず、債権の増加又は債務の減少など法人の収益の発生事由として簿記に反映されるものである限り、人の精神作用を要件としない法律事実である混同等の事件も含まれると解するのが相当である。したがって、混同により消滅した本件貸付債務の券面額から上記資本等取引に当たる1億6,200万円を控除した残額は、損益取引により生じた益金と認められるので、上記主張は理由がない。

　上記の裁判例における現物出資法人Y社と被現物出資法人Z社の税務・会計処理を示すと次のようになります。

　なお、上記の裁判例では、平成18年度改正前の法令が適用されていますが、改正前後で所得金額に与える影響に差はないことから、ここでは便宜上平成18年度改正後の法令に基づき処理する場合を示してあります。

＜Y社：債権者＞

税務処理（単位：円）

（借方）		（貸方）	
Z社株式	162,000,000	債権（簿価）	162,000,000

＜Z社：債務者＞

会計処理（単位：円）

（借方）		（貸方）	
長期借入金	430,400,000	資本金	400,000,000
		資本準備金	30,400,000

税務処理（単位：円）

（借方）		（貸方）	
自己宛債権	162,000,000	資本金等の額	162,000,000

（借方）		（貸方）	
長期借入金	430,400,000	自己宛債権	162,000,000
		債務消滅益	268,400,000

税務修正（単位：円）

（借方）		（貸方）	
資本金等の額	268,400,000	債務消滅益	268,400,000

79　グループ法人税制との関係

　上記78の参考判決は、適格現物出資に該当することから、Y社は債権を帳簿価額により譲渡することとなるため、寄附金の額は生じず、Z社

における債務消滅益は、寄附金の額との対応関係が生じないこととなります。

　したがって、この参考判決における取引が現在行われたとしても、グループ法人税制における受贈益の益金不算入の規定（法法25の2①）の適用はなく、債務者に生じる債務消滅益は、益金の額に算入されることになります。

　もっともこの参考判決の場合においては、Y社とZ社との間には「法人による完全支配関係」がないことから、そもそも受贈益の益金不算入の規定の適用はありません。

〈参考法令〉

> **法人税法**
>
> **（受贈益の益金不算入）**
>
> **第25条の2①**　内国法人が各事業年度において当該内国法人との間に完全支配関係（法人による完全支配関係に限る。）がある他の内国法人から受けた受贈益の額（第37条（寄附金の損金不算入）の規定の適用がないものとした場合に当該他の内国法人の各事業年度の所得の金額の計算上損金の額に算入される同条第7項に規定する寄附金の額に対応するものに限る。）は、当該内国法人の各事業年度の所得の金額の計算上、益金の額に算入しない。

80　地方税への影響

　現物出資によって資本金等の額を課税標準等とする法人住民税及び法

人事業税に影響が生じます。

①　法人住民税の均等割額

　金銭出資と同じく、資本金等の額が増加するため、資本金等の額の規模に応じて負担額が定められている法人住民税均等割額の負担は増加することになります（地方税法52①、312①）。

資本金等の額	道府県民税（単位：円）	市町村民税	
		従業者50人以下（単位：円）	従業者50人超（単位：円）
1,000万円以下	20,000	50,000	120,000
1,000万円超 　～1億円以下	(30,000) 50,000	(80,000) 130,000	(30,000) 150,000
1億円超 　～10億円以下	(80,000) 130,000	(30,000) 160,000	(250,000) 400,000
10億円超 　～50億円以下	(410,000) 540,000	(250,000) 410,000	(1,350,000) 1,750,000
50億円超	(260,000) 800,000	(0) 410,000	(1,250,000) 3,000,000

〔編注〕カッコ内の数字は上段からの増加額。

②　法人事業税の外形標準課税

　各事業年度終了の時の資本金の額が1億円超である場合には、外形標準課税の対象法人となります（地方税法72の2①一イ、72の21①）。

　また、資本割は、法人の各事業年度終了の時の資本金等の額を課税標準として計算することになります（地方税法72の12、72の21①）。

　なお、上記①及び②の資本金等の額は、法人税法における資本金等の額を用いますが、資本金又は資本準備金を減少（会社法447、448）させて計上した資本剰余金をもって損失の処理に充てた場合（会社法452）

のその金額については、資本金等の額から控除することになります（地方税法23①四の二イ(3)、72の21①三、292①四の二イ(3)）。

　また、いわゆる利益の資本組入れ（会社法450、448①二）が行われた場合の資本金の増加額は、資本割の計算上、資本金等の額に加算することになります（地方税法23①四の二イ(1)、72の21①一、292①四の二イ(1)）。

81　債務者における債務免除（消滅）益課税

　第三者への債権譲渡が実質的に債務免除又は債務者自身への債権譲渡が行われたというような事実認定が行われた場合、債務者の側においては、債務免除（消滅）益課税が行われるおそれがあります。実際に債務者に債務消滅益課税が行われ、それについて争われた事例があります。

〈参考裁決〉

平成21年3月11日裁決（非公開）

(1)　事案の概要

　弁済を延滞している債務者X社の債権者Y社が、裁判所の調停に基づく合意により、一部弁済後の債権（残債権の元金と未払利息の合計額6億3,142万2,742円）について、その額を下回る金額（200万円）でZ社（Y社の顧問弁護士甲が実質的に経営する会社）に譲渡する旨の契約が締結されるとともに、X社には債権譲渡の通知がなされ、その後、X社がZ社に対し、本件債権の弁済として毎月30万円（総額1,110万円）を支払っていた（他にX社は、本件調停の成立日に甲に対して300万円を支払っており、同日付でいった

ん仮払金として経理処理し、後日本件債権の弁済に充当する経理処理をしていた)。

　これについて、原処分庁により、実質的にX社自身に本件債権の譲渡が行われたものであり、X社において債務消滅益が生じているものとして更正処分等を受けた。

〈取引関係図〉

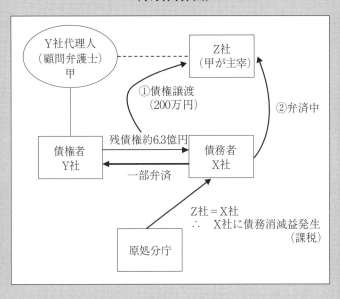

(2)　原処分庁の主張

　原処分庁は、次の点から、X社は、本件調停の成立日に甲に対して支払った300万円を対価としてY社から本件債権を譲り受けたものであり、債権と債務が同一人に帰属したことにより債権金額から300万円を控除した金額の債務消滅益が生じている旨主張した。

①　本件調停において、本件債権は、Y社がX社の指定する第三者に譲渡する合意がされたことが認められるところ、この合意に

基づき譲渡先とされたＺ社とＸ社との間で取り交わされた覚書には、Ｚ社が本件債権を再譲渡するに当たっては、Ｘ社が譲受人を決定できることとされており、Ｚ社が独自の判断で本件債権を処分することができないことからすると、本件債権の処分権は、Ｘ社に帰属していると認められる。

② 甲が、Ｚ社は本件債権を預かっているだけである旨申述し、Ｘ社からの300万円の受取の際、甲の名刺の裏面に「債権譲渡代金分として」と記載してＸ社に渡していることから、本件債権の譲渡代金を負担したのはＸ社であると認められる。

(3) **審判所の判断**

審判所は、次のような認定を行った上で、本件債権については、Ｚ社がＹ社から譲り受けたものであり、Ｘ社に債務消滅益が生じていたとは認めず、原処分を全部取り消している。

① 本件覚書には、Ｘ社が本件債権の再譲渡をＺ社に申し出た場合、Ｚ社はこれを承諾するものとする旨が記載されているものの、その場合の詳細の条件については、双方が別途協議して定める旨が合わせて記載されており、このような特約があるからといって、Ｘ社に本件債権を処分する権利があると認めることはできない。

② 甲は、Ｚ社が本件債権を長期的に持つ意思がないことから、本件債権を預かったようなものである旨を申述したにすぎず、この申述をもって、本件債権がＸ社に帰属していると認めることはできない。

③ Ｘ社が、300万円の支払の証拠として甲から「債権譲渡代金分として」と記載された名刺を受け取ったことは認められるものの、甲がＹ社の代理人であり、本件調停が成立するまでに５回以上

にわたってX社との交渉を行い、本件調停においては、既に本件債権をX社の指定する第三者に譲渡する合意案もできていたと認められること、甲がX社から300万円の受取書の交付を求められ、とりあえずその名刺の裏面に記載した文言であること及びその300万円が甲の指示で支払われたものであり、X社がその支払の趣旨が不明であるとしていったん仮払金として経理し、その後、正式な領収書の発行を求めた上で本件債権の弁済金であるとする経理処理をしたことなどからすれば、甲がいかなる趣旨でこの記載をしたかは明らかではないというほかなく、直ちにX社への本件債権を譲渡する対価として受領した趣旨の記載であるとまでは認めることができない。

　上記の裁決を参考にすると、債務者の指定する第三者への再譲渡が約されていることをもって、債務者自身に対して債権譲渡が行われたものとして事実認定されるものではなく、審判所の判断にあるように、債務者自身への債権譲渡を他者への債権譲渡に仮装したと認めるに足りる事実があるかどうかが問題となるものと考えられます。上記の裁決は、審査請求の段階において原処分が全部取り消される判断が下されており、このような事実認定に対する審判所（審判官）の慎重な姿勢が窺えます。

現金振替型における債権者の取扱いの要点

82 現金振替型 DES と損失

現金振替型 DES が行われた場合の税務処理を示すと次のようになります。

○金銭出資時

(借方)		(貸方)	
株式	×××	現預金	×××

○回収時

(借方)		(貸方)	
現預金	×××	債権	×××

このように金銭出資にした金額相当の有価証券を取得する（法令119①二）とともに、金銭出資した金額が債権回収金となることから、損失は計上されません。

また、取得した有価証券についても相当の期間が経過するまでは評価損の計上が認められていません（法基通 9 - 1 -12）。

金銭出資時、回収時等の税務処理をまとめると次のようになり、結果的には適格現物出資をした場合と同様になります。

(借方)		(貸方)	
株式	×××	債権	×××

しかしながら、国税当局は、上記81の裁決における原処分庁の主張にあるように仮装取引であるとの見方をする場合があることに注意する必要があります。

83　現金振替型 DES 後の取得有価証券の売却損の計上

　現金振替型 DES の事例として、日本スリーエス事件（平成12年11月30日東京地裁・平成13年 7 月 5 日東京高裁）と相互タクシー事件（福井地裁平成13年 1 月17日棄却・名古屋高裁平成14年 5 月15日棄却・最高裁平成14年10月15日不受理）があります。

　これらの事例では、現金振替型 DES では上記「82現金振替型 DESと損失」のとおり、譲渡損や評価損の計上が認められないことから、取得した有価証券を関連会社に売却することで損失計上を行ったものですが、いずれの事例もその損失計上が否定されています。

日本スリーエス事件

平成12年11月30日東京地裁（平成13年 7 月 5 日東京高裁）

(1)　**事案の概要**

　①　A 社（原告）は、A 社の子会社である B 社及び C 社（本件子会社）に対する貸付債権が不良債権化していたところ、平成 5 年 4 月 1 日から平成 6 年 3 月31日までの事業年度においてコンサルティング収入を期待できることとなったことから、これを機会に本件子会社に対する不良債権を処理しようと考えていた。

　②　本件子会社は、平成 5 年11月末において A 社が発行済株式の全部を保有する同族会社である。

　③　本件子会社の発行する増資新株式を額面金額に比べて高額で引き受けて、本件子会社株式を D 社（平成 5 年11月末におい

てＡ社はＤ社の株式の21％を所有するにとどまり、Ａ社の同
族会社には該当しない）に低額で譲渡することによって有価証
券売却損を計上し、申告した。

④　本件子会社は、Ａ社からの増資払込金をもってＡ社に対す
る債務を弁済した。

⑤　課税庁（被告）は、法人税法132条を適用して、Ａ社が取得
した新株式の取得価額は額面金額であると認定し、Ａ社は有
価証券売却損を過大に計上しているとして、更正処分及び過少
申告加算税賦課決定処分をした。

(2)　Ａ社の主張

①　課税庁は額面金額である発行価額を超える払込金額を不当で
あるとして否認しているが、発行価額を超える払込金額は何ら
不当ではない。

②　法人税法施行令38条１項１号（有価証券の取得価額）によれ
ば、払込みにより取得した有価証券の取得価額はその払い込ん
だ金額としなければならないのであるから、額面金額を超える
払込み余剰金（プレミアム）を含めた払込金額が取得価額にな
るというべきである。

(3)　裁判所の判断

①　Ａ社の本件子会社に対する貸付金はいずれも回収不能とは
いえず、損金算入することはできないものであった。すなわち、
Ａ社は、本来損金に算入することができないものについて、
本件一連の行為を行い、有価証券売却損という形を取ることに
よって、実質的に、本件子会社に対する貸付金を損金に算入す
る形で処理したものであるということになる。

②　債務超過状態にあり、将来成長が確実に望めるというような特別の事情が認められるわけではない本件子会社の新株発行に際して、額面金額である発行価額を大幅に超える払込みを行うのは、通常の経済人を基準とすれば合理性はなく、不自然・不合理な経済行為である。

③　本件子会社の株式１株について払い込んだ金額は、本件子会社がいずれも債務超過状態であり、将来成長が確実に望めるというような特別な事情も見当たらないのであって、その新株の価値は極めて低いと考えられることからすると、新株式の取得価額は額面金額とした課税庁の認定が不合理であるということはできない。

〔編注〕　本文中の法人税法施行令38条１項１号は、現法人税法施行令119条１項２号です。

相互タクシー事件

平成13年１月17日福井地裁（平成14年５月15日名古屋高裁金沢支部）

(1)　事案の概要

①　原告は、債務超過の子会社Ｂ社に対して941億円余りの貸付金を有していた。

②　原告は、原告代表者甲らからＢ社株式45万株を無償取得して100％子会社化した。

③　Ｂ社は、額面普通株式52,900株の新株を順次、発行価額１株当たり50円として発行し、原告は、Ｂ社に対し引受価額１株当たり100万円、合計529億円で引き受けるとともに、Ｂ社の額面

劣後株式110万株の新株を1株当たり50円、合計5,500万円で引き受けた。

④　B社は、額面普通株式の増資払込金529億円を原告に対する債務の弁済にあてた。

⑤　原告は、保有するすべてのB社額面普通株式（502,900株）を第三者であるL社に約1億5,900万円で譲渡し、527億円余の譲渡損失を計上した。

⑥　被告は、上記③の増資払込みについて法人税法37条を適用して、額面金額を超える金額は寄附金に該当すると認定し、上記⑤の譲渡原価は額面金額を基に算出すべきであり、原告は株式売却損を過大計上しているとして、更正処分等をした。

(2)　原告の主張

　法人税法37条6項が規定する寄附金は典型的な借用概念であって、商法上適法かつ正当な本件増資払込みが問題とされる余地はなく、また、本件増資払込みによって原告は払込金額で評価される新株を対価として得たのであって、このことは、商法、法人税法施行令及び企業会計原則が払込みによって取得した株式の取得価額を払い込んだ金額としていることや、法人税基本通達9-1-10の2が赤字子会社に対する増資払込みについても寄附金には当たらないとする取扱いをしていることからも明らかであり、本件増資払込みによって損益は生じ得ないから、本件増資払込金を寄附金と認める余地はない。また、本件増資払込みは、その直前に原告がBに対して有していた本件貸付金債権が回収不能となっていたことから、これをB株式に変換したにすぎず、合理的経済人としてごく当たり前の行為であるから、やはり本件増資払込金

を寄附金と認める余地はない。

(3)　裁判所の判断

①　法人税基本通達9-1-10の2は、親会社が赤字の子会社に対して増資払込みをすることについては、企業支配、経営支援等の必要性からその事情においてやむを得ない場合があることが考えられることなどから、親会社が債務超過の子会社の増資を引き受け、時価を超える払込みをした場合に、そのような増資払込みにも経済的合理性が認められ、時価と払込金額の差額を企業支配の対価ととらえることができる場合があることを前提として規定されたものと解され、増資会社が債務超過である場合の増資払込みはおよそすべて寄附金となり得ないことを明らかにしたものではないというべきである。したがって、後に検討するような経済取引として十分に首肯し得る合理的理由がある場合はともかく、そうでない以上、右通達を理由に直ちに本件増資払込みが寄附金に当たらないということはできない。

②　本件増資払込みに経済取引として十分に首肯し得る合理的理由があるか否かについて、原告のC社に対する上場株式の売却が時価で行われれば、原告に多額の株式売却益が発生することになるため、これによる課税を免れる方法として、多額の債務超過となっているB社を利用し、原告が甲らからB株式を無償取得して、B社を100%子会社とした上で、B社に対する増資によって原告が高額で取得した新株式と併せて、第三者であるL社に低額で売却することによって、原告に株式売却損を発生させることが考え出された。

③　本件増資払込み及びその前後に行われたこれと関連する原告

らＡグループの取引内容によれば、本件増資払込みは、後に原告がＣ社に上場株式を売却することによって生ずる有価証券売却益に見合う株式譲渡損を発生させ、右有価証券売却益に対する法人税の課税を回避することを目的としたものであることは明らかであり、本件株式を額面金額かつ発行価額である一株当たり50円を超える額で引き受けて払い込んだことに、経済取引として十分に首肯し得る合理性は認められない。

④ 一般に、債務免除による貸倒損失として損金算入が認められるためには、債務者の債務超過の状態が相当期間継続し、その貸金等の弁済を受けることができないと認められる債権について、確定的に債権放棄をすることが必要と解される。そして、本来、債務免除は無償の経済的利益の供与として寄附金に当たるものであり、貸倒損失として損金の額に算入されるのはその例外というべきであるから、本件増資払込みについても、各要件が満たされなければ、貸倒損失として損金に算入することのできる債務免除と実質的に同視することができるとして、経済取引として十分に首肯し得る合理的理由があると認めることはできない。

⑤ 本件増資払込みとそれに引き続く本件貸付金の処理を、貸倒損失として損金に算入することのできる債務免除と実質的に同視することはできない。

〔編注〕 本件は、旧商法時代の事件です。また、本文中の法人税法37条6項は現同条7項、法人税基本通達9-1-10の2は現同9-1-12です。

> # 現金振替型における債務者の取扱いの要点

84 現金振替型 DES と収益

　現金振替型 DES が行われた場合の税務処理を示すと次のようになります。

○金銭出資時

（借方）		（貸方）	
現預金	×　×　×	資本金等の額	×　×　×

○弁済時

（借方）		（貸方）	
債務	×　×　×	現預金	×　×　×

　このように払い込まれた金銭の額相当の資本金等の額が増加する（法法2十六、法令8①一）とともに、その払い込まれた金銭をもって債務の弁済が行われることから、収益は計上されません。

　金銭出資時、弁済時等の税務処理をまとめると次のようになり、結果的には自己宛債権を適格現物出資された場合と同様になります。

（借方）		（貸方）	
債務	×　×　×	資本金等の額	×　×　×

　なお、増資による地方税への影響については、上記「80地方税への影響」を参照してください。

【著者紹介】

中村慈美（なかむら　よしみ）

昭和30年福岡県生まれ。昭和54年３月中央大学商学部卒業、平成10年７月国税庁を退官、平成10年８月税理士登録、平成15年４月事業再生実務家協会常務理事、平成17年３月 公益財団法人藤原ナチュラルヒストリー振興財団監事、平成17年４月中央大学専門職大学院国際会計研究科特任教授（平成20年３月まで）、平成18年１月 経済産業省産業構造審議会臨時委員（平成19年１月まで）、平成20年５月全国事業再生・事業承継税理士ネットワーク代表幹事、平成21年８月経済産業省事業再生に係る DES 研究会委員、平成22年４月一橋大学法科大学院非常勤講師、中央大学大学院戦略経営研究科兼任講師、社団法人日本租税研究会法人税研究会専門家委員、平成23年10月 一般社団法人東日本大震災・自然災害被災者債務整理ガイドライン運営機関委員（平成31年４月合併により名称変更）、平成24年７月 整理回収機構企業再生検討委員会委員、平成24年11月 一般社団法人全国サービサー協会コンプライアンス委員会兼苦情処理委員会委員、平成25年１月 中小企業庁・金融庁共催中小企業における個人保証等の在り方研究会委員、平成25年６月公益財団法人日本税務研究センター共同研究会研究員、平成25年８月日本商工会議所・一般社団法人全国銀行協会共催経営者保証に関するガイドライン研究会委員、平成26年11月中小企業庁中小企業向けM＆Aガイドライン検討会委員、平成27年４月文京学院大学大学院経営学研究科特任教授、平成31年４月 一般社団法人事業再生実務家協会常議員

主な著書　平成16〜令和５年度「税制改正早わかり」（いずれも共著・大蔵財務協会）、「税理士・経理マン必携 法人税実務マスター講座 交際費」（著・ぎょうせい・2007）、「グループ法人税制の要点解説」（著・大蔵財務協会・2010）、「企業組織再編の法人税務」（共編著・大蔵財務協会・2010）、「企業倒産・事業再生の上手な対処法」（共著・民事法研究会・2011）、「法人税務重要事例集」（編・大蔵財務協会・2012）、「貸倒引当金制度廃止後の不良債権処理の税務 要点解説」（著・大蔵財務協会・2012）、「不良債権処理と再生

の税務」（著・大蔵財務協会・2012）、「早わかり法人税改革」（著・大蔵財務協会・2015）、「法的整理計画策定の実務」（編担当執筆・商事法務・2016）、「金融監督指針対応コンサル機能強化事業再生に強くなる講座３」（監修・きんざい・2016）、「認定支援機関・事業再生専門家のための事業再生税務必携」（共著・大蔵財務協会・2017）、「事例と図表でわかる同族会社のための税務」（監修・大蔵財務協会・2018）「新株予約権ハンドブック」（共著・商事法務・2018）、「法人税重要計算ハンドブック」（共著・中央経済社・2019）、「貸倒損失をめぐる税務処理専門家からのアドバイス30選」（共著・大蔵財務協会・2019）、「コンパクト版倒産・再生再編六法」（共編・民事法研究会・2020）、「連結納税制度大改正グループ通算制度早わかり」（著・大蔵財務協会・2020）、「企業の保険をめぐる税務」（共著・大蔵財務協会・2022）、「図解 グループ法人課税」（著・大蔵財務協会・2022）、「図解 組織再編税制」（著・大蔵財務協会・2022）

三訂版　貸倒損失・債権譲渡の税務処理早わかり

令和5年9月7日　初版印刷
令和5年10月6日　初版発行

不　許
複　製

著　者　　中　村　慈　美

(一財)大蔵財務協会　理事長
発行者　　木　村　幸　俊

発行所　　一般財団法人　大　蔵　財　務　協　会
〔郵便番号　130-8585〕
東京都墨田区東駒形1丁目14番1号
（販　売　部）TEL03（3829）4141・FAX03（3829）4001
（出版編集部）TEL03（3829）4142・FAX03（3829）4005
http://www.zaikyo.or.jp

乱丁・落丁はお取替えいたします。　　　　　　印刷　恵友社
ISBN978-4-7547-3150-2

ISBN978-4-7547-3150-2 C3033 ￥1900E

定価（本体1,900円＋税）

9784754731502

1923033019001

客注

書店ＣＤ： 187280　　　08

コメント： 3033

受注日付： 241210

受注Ｎｏ： 115443

ＩＳＢＮ： 9784754731502

1／1

三

貸倒損失・
税務処理

22

ココからはがして下さい